Héroes Misioneros Católicos

Volumen 2

Padre Robert J. Kus

Wilmington, North Carolina

www.redlanternpress.com

ISBN: 9798372929043

Publicaciones de Red Lantern Press

Diarios por el padre Robert J. Kus

- Dreams for the Vineyard: Journal of a Parish Priest - 2002
- For Where Your Treasure Is: Journal of a Parish Priest – 2003
- There Will Your Heart Be Also: Journal of a Parish Priest – 2004
- Field of Plenty: Journal of a Parish Priest – 2005
- Called to the Coast: Journal of a Parish Priest – 2006
- Llamado a la Costa - Diario de un párroco – 2006
- Then Along Came Marcelino: Journal of a Parish Priest – 2007
- Y Después Llegó Marcelino - Diario de un párroco – 2007
- Living the Dream: Journal of a Parish Priest – 2008
- Viviendo el Sueño: Diario de un Párroco - 2008
- A Hand to Honduras: Journal of a Parish Priest – 2009
- Una Mano a Honduras: Diario de un Párroco - 2009
- Beacon of Hope: Journal of a Parish Priest – 2010
- Luz de Esperanza: Diario de un Párroco - 2010
- Serving God by Serving Others: Journal of a Parish Priest – 2011
- Servir a Dios Sirviendo a Los Demás: Diario de un Párroco – 2011
- The Year of Clifton: Journal of a Parish Priest – 2012
- Basilica: Journal of a Parish Priest – 2013
- Crucifix: Journal of a Parish Priest – 2014
- Holy Doors: Journal of a Parish Priest – 2015
- Amazing!: Journal of a Parish Priest – 2016
- Clear and Misty: Journal of a Parish Priest – 2017
- Honduras Calling: Journal of a Missionary Priest – 2018
- Home in Honduras: Journal of a Missionary Priest – 2019
- MissionPriest.com: Journal of a Missionary Priest – 2020
- Hormiga Junction: Journal of a Missionary Priest – 2021

Santos de la Enfermería por el padre Robert J. Kus

- Saintly Men of Nursing: 100 Amazing Stories
- Hombres Santos de la Enfermería: Cien Historias Asombrosas

Publicaciones de Red Lantern Press (Cont.)

Libros Reitoqueños por el padre Robert J. Kus

- Reitocan Grace – Gracia Reitoqueña: A Honduran Parish in Photos and Scripture
- Reitocan Faith – Fe Reitoqueña: A Honduran Parish in Photos and Scripture
- Reitocan Joy – Alegria Reitoqueña : A Honduran Parish in Photos and Scripture

Colección de Homilías por el padre Robert J. Kus

- Flowers in the Wind 1 – Story-Based Homilies for Cycle B
- Flowers in the Wind 2 – Story-Based Homilies for Cycle C
- Flowers in the Wind 3 – Story-Based Homilies for Cycle A
- Flowers in the Wind 4 – More Story-Based Homilies for Cycle A
- Flowers in the Wind 5 – More Story-Based Homilies for Cycle B
- Flowers in the Wind 6 – More Story-Based Homilies for Cycle C
- Flowers in the Wind 7 – Still More Story-Based Homilies for Cycle A
- Flowers in the Wind 8 – Still More Story-Based Homilies for Cycle B
- Flowers in the Wind 9 – Still More Story-Based Homilies for Cycle C
- Flowers in the Wind 10 – Even More Story-Based Homilies for Cycle A
- Flowers in the Wind 11 – Even More Story-Based Homilies for Cycle B
- Flowers in the Wind 12 – Even More Story-Based Homilies for Cycle C

Colección de Héroes Misioneros Católicos por el padre Robert J Kus

- Catholic Missionary Heroes – Volume 1
- Héroes Misioneros Católicos – Volumen 1
- Catholic Missionary Heroes – Volume 2
- Héroes Misioneros Católicos – Volumen 2

Dedicado

---

a

un amigo querido

Aaron Mejía Fúnez, M.D.

Agradecimientos

Escribir las biografías presentadas en este libro fue posible solo gracias al trabajo de muchos otros, la mayoría de los cuales nunca serán conocidos por mí. Son, por ejemplo, los escritores ocultos de sitios web como Wikipedia y los de comunidades religiosas que nunca firman sus nombres en sus obras. A esas personas, y para todos los que escriben sobre héroes católicos, ¡les doy las gracias de corazón!

También doy un agradecimiento especial a mi amigo, el Dr. Aaron Mejía, quien ha estado conmigo en cada paso del camino en la creación y edición del sitio web MissionPriest.com desde sus inicios. Además, Aaron está traduciendo cada volumen del inglés al español para que esta serie esté disponible para las personas de habla hispana.

Por supuesto, agradezco a Pat Marriott de la Basílica Santuario de Santa María en Wilmington, Carolina del Norte, quien ha editado fielmente mi trabajo a lo largo de los años y me ha alentado en el camino de la vida.

Y finalmente, les doy las gracias, queridos lectores. Espero que el Espíritu les hable a través de las historias de estos buenos hombres y mujeres, inspirándolos en sus propios viajes espirituales.

La Portada

La portada de este libro, una pintura realizada por el artista Alessandro Giambra, muestra a seis de los 48 héroes misioneros católicos que aparecen en este libro. Los seis son, desde arriba a la derecha en el sentido de las agujas del reloj: Beato Jerzy Popieluszko; Siervo de Dios Nicholas Black Elk; Beata Irene Stefani; Sierva de Dios Thea Bowman; Beata Leonella Sgorbati; y Siervo de Dios Pierre Toussaint.

Alessandro Giambra, originario de Italia, enseña italiano, teoría del arte y pintura en la Escuela de Adultos St. Mary en el campus de la Basílica Santuario de Santa María, Wilmington, Carolina del Norte.

Introducción

El 26 de abril de 2020, la primera publicación de mi blog y sitio web, MissionPriest.com, apareció en línea. El propósito principal del blog es compartir mi vida como sacerdote misionero con otras personas que desean saber más sobre la vida misionera en otro país, pero que no pueden tener esta experiencia directamente.

En la mayoría de los viernes, el sitio ofrece una breve biografía de un "héroe misionero católico". Este libro es una colección de los héroes masculinos y femeninos que han aparecido en el sitio web de MissionPriest.com durante el año 2020. El plan es agregar un nuevo volumen cada año, siempre y cuando el sitio web continúe. Alterno héroes hombres y mujeres cada semana.

Aunque hay héroes misioneros nobles en otras tradiciones cristianas, como el protestantismo (incluido el evangelicalismo) y el cristianismo ortodoxo, esta serie se centra exclusivamente en los héroes católicos.

El propósito de este libro es presentar a los lectores a los héroes de la misión y abrir sus apetitos. No pretende ser una investigación académica. Con suerte, estos breves bocetos biográficos despertarán el interés de los lectores y se sentirán tentados a aprender más.

Al final del libro, proporciono una bibliografía seleccionada para facilitar a los lectores un lugar para comenzar una mayor exploración.

Muchas de las personas en esta colección han sido canonizadas, y por lo tanto son conocidas como "Santas", o están en el camino oficial hacia la santidad y tienen el título de "Siervos de Dios", "Venerables" o "Beatos".

Algunas personas tienen más de un nombre. En algunas comunidades religiosas, por ejemplo, los miembros toman nuevos nombres en la vida religiosa. Por ejemplo, casi todo el mundo ha oído hablar de "Santa Teresa de Calcuta", pero es posible que no hayan oído hablar de Agnes Gonxha Bojaxhiu, que es la misma persona.

¡Espero que disfruten de este volumen de Héroes Misioneros Católicos tanto como yo he disfrutado creándolo!

P. Robert J. Kus
Reitoca, F.M., Honduras
Missionpriest.com
Enero de 2023

Contenido

Héroes Misioneros Católicos

VOLUMEN 2

1
Padre Alonso de Sandoval, S.J.
7 de diciembre de 1576 - 25 de diciembre de 1652
El Misionero Etnográfico

Alonso de Sandoval tiene la distinción de ser etnógrafo, enfermero, sacerdote y escritor, además de ser misionero.

Alonso nació el 7 de diciembre de 1576 en Sevilla, España. Su familia se mudó a Perú, América del Sur, sin embargo, alrededor de 1583 o 1584.

Cuando tenía 17 años, Alonso ingresó en la Compañía de Jesús (Jesuitas). En la época en que vivió, el seminario Jesuita en Lima era conocido como una excelente institución educativa. El seminario tenía una biblioteca maravillosa y tenía una de las primeras imprentas en esa parte del mundo.

Los Jesuitas alentaron a sus hombres a ser escritores, eruditos y maestros en la vida religiosa.

Después de su educación y ordenación en el seminario, el P. Alonso fue asignado a Cartagena, ahora parte de Colombia. Allí, encontró la trata de esclavos africanos en plena vigencia. Con una visión clara y una pasión inquebrantable, el P. Alonso hizo todo lo que pudo por el pueblo esclavizado. No solo enseñó a los miembros de la fe cristiana, sino que cuidó sus muchos problemas de salud: fiebre amarilla, viruela y una serie de otros problemas de salud, incluido el terror y la ideación suicida. También luchó una batalla perdida en su búsqueda de un trato humano para los africanos esclavizados.

El P. Alonso, sin embargo, no era sólo sacerdote y enfermero. También fue un científico, utilizando los métodos de investigación etnográfica de sociólogos y antropólogos culturales para documentar las vidas y culturas de los africanos esclavizados. Fue, quizás, el mayor etnógrafo de la experiencia de la esclavitud africana en toda América del Sur.

El Padre Alonso sirvió fielmente al pueblo esclavizado de Cartagena durante 45 años. En 1651, una epidemia de algún tipo se extendió por la zona, y el P. Alonso enfermó. Después de dos años confinado en cama, el P. Alonso de Sandoval murió el día de Navidad de 1652.

Afortunadamente, otro sacerdote misionero tomaría su lugar para cuidar a los enfermos y proveer para su cuidado espiritual, San Pedro Claver, cuya vida se presenta en el capítulo 39 de este volumen.

2
Madre Anna Dengel, S.C.M.M.
16 de marzo de 1892 - 17 de abril de 1980
Retrato de una Hermana Médica

La Hermana Anna Maria Dengel fue una hermana religiosa, fundadora, misionera y médica.

Anna nació el 16 de marzo de 1892 en Steeg, Austria. Después de que su madre murió cuando Anna tenía nueve años, Anna se fue a vivir a un internado. Después de terminar la escuela, obtuvo un puesto como profesora de alemán en Lyon, Francia.

Cuando Anna tenía alrededor de 20 años, oyó hablar de una médica-misionera escocés en lo que hoy es Pakistán. Anna inmediatamente escribió a la misionera, la Dra. Agnes McLaren, y las dos comenzaron a comunicarse regularmente. La Dra. McLaren, explicó que en esa área, las pacientes femeninas podían recibir servicios de atención médica solo de mujeres, por lo que había una gran necesidad de mujeres médicas. Anna estaba totalmente emocionada por eso, e inmediatamente le escribió al Dra. McLaren. Anna nunca llegó a conocerla en persona, ya que la Dra. McLaren murió antes de que pudieran conocerse. Sin embargo, Anna siguió su consejo de ir a la escuela y convertirse en médica.

Primero, Anna obtuvo su licenciatura de la facultad de Medicina de la Universidad Cork, Irlanda e hizo una pasantía hospitalaria de nueve meses. Luego, fue a Pakistán, una región en gran parte musulmana que formaba parte del norte de la India en esos días. Pasó cuatro años muy difíciles allí, tratando de ayudar a mujeres y niños con problemas de salud física. Llegó a la conclusión de que no podía hacerlo sola. Entonces, ella fue a los Estados Unidos en busca de ayuda.

Anna quería no solo encontrar mujeres que la ayudaran, sino también ser parte de una congregación religiosa. Pero en aquellos días, la Iglesia Católica prohibió a los religiosos practicar la medicina. Anna, sin embargo, reclutó mujeres de ideas afines, escribió una Constitución para una nueva congregación religiosa y buscó el permiso necesario.

El 12 de junio de 1925, Anna y su pequeño grupo de mujeres recibieron permiso para establecer una congregación. Los otros tres fueron Evelyn Flieger, R.N. de Gran Bretaña; Johanna Lyons, M.D. de Chicago, Illinois; y Maria Ulbrich, R.N. de Luxemburg, Iowa. Las mujeres, conocidas como "Las Cuatro Primeras", se reunieron en Washington, D.C. para celebrar la fundación de la Sociedad de Misioneras Médicas Católicas.

En 1936, después de que el grupo había crecido, la Iglesia Católica aprobó la Sociedad como una congregación de pleno derecho llamada las Hermanas de las Misiones Médicas Católicas. Se les dio permiso para proporcionar atención médica completa a aquellos a quienes servían. La Hna. Anna fue elegida la primera Superiora General.

Madre Anna murió en Roma, Italia el 17 de abril de 1980 y está enterrada en el Cementerio Teutónico de la Ciudad del Vaticano

3
Venerable Augusto Tolton
1 de abril de 1854 – 8 de julio de 1897
El Buen Padre Gus

En un momento en que la Iglesia Católica está desesperada por sacerdotes ordenados, es difícil imaginar que hubo un momento, no hace mucho tiempo, en que la Iglesia se negó a admitir jóvenes ansiosos en el seminario, por una variedad de razones. Algunos hombres que fueron rechazados tomaron eso, correctamente, como una señal de que Dios no quería que fueran sacerdotes. Otros, como un joven que fue rechazado por varios seminarios americanos debido a su color de piel, decidieron que el rechazo no era la voluntad de Dios. Su nombre era Augusto Tolton.

Augusto nació el 1 de abril de 1854 en Missouri, hijo de Peter Paul Tolton y Martha Jane Chisley, ambos esclavizados. Debido a que sus padres fueron esclavizados, Augusto también fue considerado un esclavo.

Sin embargo, finalmente la familia pudo escapar de Missouri, un estado esclavista, y huyó a Illinois, donde la esclavitud era ilegal. Con su nueva libertad, la familia comenzó a trabajar en una fábrica de cigarros en Quincy, Illinois.

Augusto, sin embargo, quería obtener una educación. Afortunadamente para él, un sacerdote inmigrante de Irlanda, el P. Peter McGirr, lo ayudó a inscribirse en la Escuela Católica St. Peter, a la que asistía en los meses de invierno cuando la fábrica de cigarros estaba cerrada. Muchos feligreses blancos se opusieron a tener un estudiante negro en su escuela, pero el padre McGirr insistió en que fuera bienvenido.

Siempre enamorado de su fe cristiana católica, Augusto soñaba con convertirse en sacerdote católico. Con la ayuda del Padre McGirr, aplicó a muchos seminarios católicos en los Estados Unidos. Sin embargo, cada uno de ellos rechazó su solicitud porque era negro.

Finalmente, el P. McGirr ayudó a Augusto a entrar en un seminario en Roma. Allí, llegó a hablar italiano con fluidez, así como varios idiomas africanos, ya que suponía que sería enviado a un país africano después de la ordenación. Augusto fue ordenado sacerdote católico el 24 de abril de 1854, celebrando su primera Misa de Acción de Gracias en la Basílica de San Pedro en Roma, el centro del cristianismo y la más famosa de todas las iglesias del mundo. El P. Augusto tiene el honor de ser el primer sacerdote católico negro de sangre pura y públicamente conocido en los Estados Unidos.

En lugar de ser enviado a África, el P. Augusto fue enviado de regreso a los Estados Unidos para trabajar con católicos negros. Comenzó en Quincy, Illinois, pero tuvo muchos problemas no solo de los católicos blancos, sino también de los líderes protestantes negros que no querían que sus feligreses se convirtieran en católicos.

Finalmente, fue enviado a Chicago. Allí, fundó la Iglesia Católica de Santa Mónica y se convirtió en un éxito instantáneo. De hecho, se hizo conocido en todo Estados Unidos como "El Buen Padre Gus", conocido por sus elocuentes sermones, su hermosa voz para cantar, y su talento para tocar el acordeón.

Debido al gran éxito del P. Gus como sacerdote, los seminarios comenzaron a admitir a otros hombres negros y también fueron ordenados.

El Padre Augusto murió a la edad de 43 años el 8 de julio de 1897 durante una ola de calor en Chicago. Su misa fúnebre incluyó a 100 sacerdotes. En 1973, la hermana Caroline Hemesath escribió su biografía, llamada *De esclavo a sacerdote*. Hoy, el P. Augusto es conocido como el Venerable Augusto Tolton, el segundo paso en el camino para ser proclamado santo de la Iglesia.

4
Beato Benito Solana Ruiz, C.P.
17 de febrero de 1882 - 25 de julio de 1936
Un Hombre "Mil Usos"

Benito Solana Ruiz nació el 17 de febrero de 1882 en Cintruénigo, Navarra, España. Su padre era el carpintero del pueblo.

Aunque sus padres no apoyaron el deseo de Benito de entrar en la vida religiosa, ingresó en la Orden Pasionista en Daimiel, España. Desafortunadamente, Benito no era un muy buen estudiante, y tenía problemas con sus estudios de seminario. Por lo tanto, se convirtió en un Hermano Pasionista en lugar de un sacerdote. En la vida religiosa, tenía el nombre de Benito de la Virgen de Villar.

En la Orden, ocupó muchos trabajos. En Daimiel, España, por ejemplo, se desempeñó como cocinero y sastre. En 1919, fue a Cuba y sirvió como portero y sastre en la casa pasionista en Santa Clara.

En 1922, sus superiores lo asignaron a la comunidad de la Ciudad de México llamada Tacubaya. En aquellos días, sin embargo, México estaba en medio de un movimiento anticatólico que llegó a ser conocido como la Guerra Cristera. Por su seguridad, el hermano Benito fue enviado de regreso a España. Después de un breve tiempo en Daimiel, Benito comenzó a cuidar a los enfermos en Zaragoza, España donde era conocido por su humildad, caridad y paciencia, especialmente cuando cuidaba a pacientes enfermos.

El 25 de julio de 1936, Benito fue asesinado a tiros, en Urdá, Toledo, España, víctima de la Guerra Civil Española.

El Papa San Juan Pablo II beatificó a Benito el 1 de octubre de 1989.

La fiesta del Beato Benito Solana Ruiz es el 25 de julio.

5
Santa Bonifacia Rodríguez y Castro, S.S.J.
6 de junio de 1837 - 8 de agosto de 1905
Siervo de San José

Bonifacia Rodríguez y Castro fue una mujer increíble y misionera que nació en Salamanca, España el 6 de junio de 1837 en una familia pobre. Su padre era sastre, y Bonifacia aprendió el oficio de él. Después de que su padre murió, estableció su propia tienda en la casa, haciendo y vendiendo soga, encaje y otros artículos. De esta manera, pudo ayudar a su madre viuda financiera y emocionalmente.

Cuando era joven, Bonifacia decidió que quería convertirse en una hermana dominicana. Sin embargo, en octubre de 1870, fue capturada por la visión de un sacerdote jesuita, el P. Francesc Xavier Butinyá i Hospital, cuya pasión era ayudar a los trabajadores manuales que estaban siendo desplazados por la Revolución Industrial.

Pronto, Bonifacia abrió su taller a mujeres jóvenes trabajadoras. Las mujeres socializaron y reflexionaron sobre los diversos temas del día. Bonifacia llamó al espacio de reunión un "taller de Nazaret" después de la Sagrada Familia de Jesús, María y José.

Con la ayuda del P. Butinyá, Bonifacia y otras cinco mujeres del taller, una de las cuales era su propia madre, formaron las Siervas de San José (S.S.J.) e hicieron votos religiosos el 10 de enero de 1874.

Esta nueva comunidad religiosa era inusual para su época, ya que, en lugar de vivir en un convento, las hermanas vivían en la comunidad y se ganaban la vida trabajando y enseñando entre otras mujeres trabajadoras. Como resultado de este nuevo enfoque de la vida religiosa, muchos sacerdotes conservadores condenaron el nuevo orden. La Orden también perdió apoyo cuando el P. Butinyá fue exiliado, y el obispo que inicialmente los apoyó fue transferido a una nueva diócesis.

Pronto, la Madre Bonifacia se encontró aislada y no bienvenida en la misma comunidad que había fundado, ya que los enemigos de su nueva sociedad sembraron semillas de descontento dentro de la comunidad.

Afortunadamente, la Madre Bonifacia tenía una fe profunda. Ella predijo que después de su muerte, las diversas facciones de la comunidad se unirían y se extenderían por todo el mundo. Y aunque sufrió tremendamente, su trabajo continuó. El 1 de julio de 1901, el Papa León XIII aprobó a las nuevas Siervas de San José (S.S.J.), y como ella predijo, su orden se unificó en 1907.

La Madre Bonifacia murió el 8 de agosto de 1905. Hoy en día, los Siervos de San José sirven en muchas naciones del mundo.

El Papa Benedicto XVI canonizó a Bonifacia en 2011. La fiesta de Santa Bonifacia es el 8 de agosto.

6
Hermana Claire Marie Wick, O.S.F.
16 de julio de 1915 - 7 de junio de 1987
La Misionera de la Musicoterapia

Kathryn Whitener, conocida en la vida religiosa como Hna. Claire Marie Wick, fue esposa, viuda, hermana religiosa, musicoterapeuta y misionera en el hogar.

Kathryn nació el 16 de julio de 1915 en Fredericktown, Missouri y se graduó de Webster College en 1938 con una licenciatura en música. Se casó con John H. Wick, pero él murió en 1942. Después de la muerte de su esposo, Kathryn ingresó a las Hermanas del Hospital de San Francisco (O.S.F.) en 1954 y tomó sus votos en 1957. Tomó el nombre de Claire Marie.

Después de su primera profesión de votos, la Hermana Claire Marie trabajó en St. John's en Springfield, Illinois, donde fue pionera en un programa de musicoterapia hospitalaria. Después de siete años, desarrolló un programa similar en el Hospital del Sagrado Corazón en Eau Claire, Wisconsin.

Claire Marie pasó un verano en la reserva Navajo en Chinle, Arizona, como instructora de música, después de pasar un año en el departamento de música de la casa madre. Más tarde, obtuvo una maestría en música de la Universidad de Wisconsin.

En el Hospital del Sagrado Corazón, La Hna. Claire Marie fundó y dirigió Triniteam. Esta organización sin fines de lucro fue diseñada para atender las necesidades de personas mayores, sin hogar, y discapacitadas. Eventualmente, amplió el programa para cubrir programas de cárcel, incluida la ayuda para prisioneros recientemente liberados. Su trabajo como misionera doméstica llevó al gobernador de Wisconsin a nombrarla miembro del Consejo de Justicia Criminal de Wisconsin en 1984. Un año después, el obispo de la Diócesis de LaCrosse, Wisconsin, la nombró miembro de la Comisión de Justicia y Paz.

Por su trabajo, recibió varios premios, incluido el Premio de Justicia y Paz Brother James Miller y un Premio de Veteranos Católicos. (El Hermano James Miller, ahora conocido como el Beato James Miller, fue un Hermano Cristiano y mártir de Guatemala, y él aparece en *Héroes Misioneros Católicos – Volumen 1*. Una de las casas en el Campus de la Santa Cruz en Reitoca, F.M., Honduras lleva su nombre en su honor.)

Claire Marie murió el 7 de junio de 1987 a la edad de 71 años, en Springfield, Illinois. Está enterrada en el cementerio de Crucifixion Hill en la casa madre de su hijo.

7
Santo Daniel Comboni, M.C.C.J.
15 de marzo de 1831 - 10 de octubre de 1881
¡África o Muerte!

Daniel Comboni, un misionero del siglo XIX, dio su vida a África. De hecho, su lema era: "¡África o muerte!"

Daniel nació el 15 de marzo de 1831 en Italia en una familia pobre. Fue el cuarto de ocho hijos, el único que sobrevivió hasta la edad adulta.

Cuando tenía 12 años, fue enviado a la escuela. Allí, aprendió medicina e idiomas y se preparó para convertirse en sacerdote. Daniel tenía una gran facilidad para los idiomas, por lo que en la escuela, aprendió francés, inglés y árabe. Más tarde en la vida, esta habilidad le sirvió bien mientras aprendía muchos idiomas y dialectos africanos.

El 6 de enero de 1849, después de leer un libro sobre los mártires japoneses, Daniel hizo un voto de que se convertiría en misionero en África. Después de sus estudios de seminario en filosofía y teología, Daniel fue ordenado sacerdote en la víspera de Año Nuevo de 1854. En 1857, se fue a África con otros cuatro sacerdotes.

El 8 de enero de 1858, el P. Daniel llegó a Jartum en Sudán. Su tarea era liberar a los niños esclavizados. En el clima inhóspito, sufrió de malaria y la pérdida de tres sacerdotes compañeros.

El P. Daniel sintió que era importante educar a la Iglesia Católica sobre la difícil situación de los pobres en África. Como resultado, hizo viajes a Europa para mendigar dinero y educar a la gente sobre las condiciones que encontró en Sudán.

El 1 de junio de 1867, estableció las Misioneros Combonianos del Corazón de Jesús (para sacerdotes y Hermanos), y en 1872, fundó las Hermanas Misioneras Combonianas.

En agosto de 1877, el P. Daniel fue consagrado obispo y sirvió como Vicario Apostólico de África Central. En esta posición, pudo proporcionar más y más ayuda a sus nuevas congregaciones prósperas.

El 10 de octubre de 1881, el obispo Daniel murió en Jartum durante una epidemia de cólera. Sus últimas palabras fueron: "Me estoy muriendo, pero mi trabajo no morirá".

El 5 de octubre de 2003, el Papa San Juan Pablo II canonizó a Daniel. La fiesta de San Daniel Comboni es el 10 de octubre.

Hoy en día, los misioneros combonianos están trabajando en muchas naciones de África, Europa, América Central, América del Sur, Asia y Oriente Medio.

8
Padre Declan Collins, S.D.B.
1952 - 16 de noviembre de 2002
Un Misionero Mártir Salesiano irlandés

El P. Declan Collins era un sacerdote misionero Salesiano de Baltray, Condado de Louth en Irlanda.

Declan era banquero antes de sentir su vocación religiosa y unirse a los Salesianos de Don Bosco. Fue ordenado sacerdote en 1990 y, al año siguiente, fue a Sudáfrica como sacerdote misionero.

Durante los siguientes once años, el P. Declan sirvió a varias comunidades en lo que hoy es la República de Sudáfrica y en Swazilandia. En Ciudad del Cabo fue un firme defensor de los niños y adultos sin hogar y cabildeó en su nombre. Por ejemplo, la presión que ejerció sobre los funcionarios públicos causó que cinco oficiales de tránsito de la ciudad fueran acusados de torturar a los ciudadanos.

El P. Declan también fue un campeón de los pobres, siempre tratando de encontrar formas para que ellos puedan forjar una vida mejor para ellos y sus familias. Y fue un firme defensor de las personas sin hogar, luchando ferozmente contra el mal trato que los funcionarios a menudo les exhibían.

El P. Declan también fue una voz fuerte contra las pandillas, lo que le hizo muchos enemigos. El 16 de noviembre de 2002, el P. Declan estaba dando los toques finales a una nueva sala de usos múltiples en Ennerdale, un municipio indio cerca de Johannesburgo, donde estaba sirviendo. Fue atacado por asaltantes desconocidos, encontrados con múltiples heridas de las cuales murió. La policía cree que el asesinato pudo haber sido debido a su cruzada contra las pandillas.

La familia del P. Declan Collins estableció el Declan Collins Trust en su memoria para mantener vivo su trabajo para la gente de la comunidad.

9
Venerable Délia Tétreault, M.I.C.
4 de febrero de 1865 - 1 de octubre de 1941
Ella Puso los Sueños en Acción

Délia Tétreault nació el 4 de febrero de 1865 en Marieville, Quebec, Canadá. Ella y su hermano gemelo Roch, estaban entre los nueve hijos de una familia de granjeros. Ambos gemelos estaban enfermos con frecuencia, y Roch murió a la edad de siete meses. Dos años después, la madre de Délia murió. Su padre decidió emigrar a los Estados Unidos para encontrar un trabajo, pero antes de irse, se aseguró de que los niños estuvieran en buenas manos. Délia encontró un buen hogar con sus tíos.

La nueva familia de Délia era muy religiosa, y el ático estaba lleno de periódicos publicados por la Sociedad para la Propagación de la Fe y la Asociación de la Santa Infancia. A Délia le encantaba pasar tiempo en el ático leyendo sobre la obra misionera en África y Asia.

A los 13 años, tuvo un sueño de estar en un campo de trigo, cuando de repente las cabezas de trigo se convirtieron en las cabezas de niños en diferentes partes del mundo. En este momento, comenzó a pensar en la vida religiosa, y en la vida misionera en particular.

Cuando tenía 18 años, Délia intentó convertirse en carmelita, pero la rechazaron. Fue aceptada por las Hermanas de la Caridad de Saint-Hyacinthe, pero tuvo que irse debido a su mala salud. En 1891, se unió a las Hermanas de Betania y permaneció con ellas durante 10 años.

Mientras servía como Hermana de Betania, Délia trabajó con los pobres en Montreal, pero una vez más, soñó con las misiones. Afortunadamente, conoció a un sacerdote que la animó, al igual que el arzobispo. Con su apoyo, en 1905 fundó una comunidad religiosa de hermanas misioneras y tomó el nombre de Madre María del Espíritu Santo. La nueva congregación finalmente se conoció como las Hermanas Misioneras de la Inmaculada Concepción. Pronto, la nueva congregación tenía conventos en todo Quebec. En 1909, las primeras seis hermanas partieron hacia Cantón, China. En 1920, la congregación comenzó a publicar una revista misionera, un año después, fundaron una escuela de formación para preparer a las hermanas para las misiones en el extrajero. Para 1933, la Madre Marie había fundado 36 comunidades de Hermanas Misioneras en Canadá, China, Japón y Filipinas.

La Madre Marie murió el 1 de octubre de 1941. Más de 1,000 personas vinieron a presentar sus respetos a esta líder misionera.

Délia es conocida como Venerable.

10
Sierva de Dios Dorothy Day
8 de noviembre de 1897 - 29 de noviembre de 1980
Campeona Americana de los Pobres

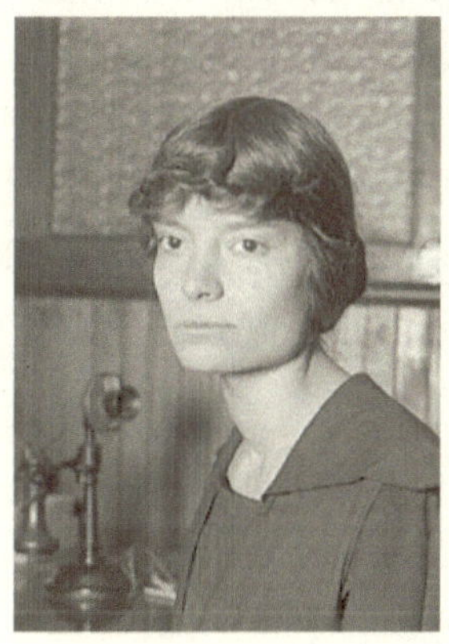

La Sierva de Dios Dorothy Day fue una americana del siglo XX que hizo todo su trabajo misionero en los Estados Unidos.

Dorothy nació en Brooklyn, Nueva York, el 8 de noviembre de 1897. Cuando tenía 6 años, su padre se mudó con la familia a San Francisco, California para tomar un trabajo como periodista deportivo. Desafortunadamente, tres años después, su trabajo fue eliminado por el gran terremoto que destruyó gran parte de la ciudad, por lo que la familia se mudó a Chicago, Illinois.

El traslado a Chicago fue una gran conmoción para Dorothy, ya que la familia pasó de vivir un estilo de vida cómodo en California a uno muy pobre en Chicago. Además de las malas condiciones de vida, Dorothy fue fuertemente influenciada por la literatura que destaca la difícil situación de los pobres. Se sintió especialmente conmovida por las obras de Thomas Cooper, Charles Dickens, Victor Hugo, Sinclair Lewis y Robert Louis Stevenson. Desarrolló fuertes pasiones contra la desigualdad económica, y esto la llevó a convertirse en socialista.

Aunque comenzó la universidad en la Universidad de Illinois en Urbana en 1914, dejó la escuela después de dos años y tomó un trabajo en *The Call*, un periódico socialista en la ciudad de Nueva York. En 1918, Dorothy comenzó la escuela de enfermería, pero descubrió que esa no era su vocación. Sin embargo, se sintió profunda y duraderamente conmovida por la fuerte fe de sus tres compañeras de cuarto estudiantes de enfermería católicas.

Dorothy vivió una vida caótica durante un tiempo, dentro y fuera de las relaciones con los hombres, teniendo un aborto y criando a una hija.

En 1932, Dorothy conoció a un antiguo hermano cristiano de Francia, Pedro Maurin. Pronto, Pedro y Dorotea fundaron casas de hospitalidad para los pobres. También estableció un periódico llamado *The Catholic Worker* en 1933, dedicado al pacifismo, la hospitalidad, los derechos humanos y civiles, y las obras de misericordia.

Como resultado de su activismo, Dorothy fue frecuentemente encarcelada. Lejos de detenerla, probablemente hizo que su compromiso fuera más fuerte.

Dorothy estuvo en contacto con muchas de las principales luces católicas del siglo XX, como Thomas Merton, la Madre Teresa de Calcuta, César Chávez y los hermanos Berrigan. También fue muy influenciado por las vidas de líderes espirituales y sociales no católicos que predicaban la no violencia, como Mahatma Gandhi de la India y el reverendo Martin Luther King, Jr. de los Estados Unidos.

Dorothy escribió extensamente sobre las condiciones de los pobres, sus ideas y su fe. Muchos de estos escritos fueron publicados en *The Catholic*

Worker que, aún hoy, se vende por un centavo por copia. Su autobiografía se llama: *La Larga Soledad (The Long Loneliness),* y hay muchos libros y artículos sobre esta increíble mujer. Se han hecho dos películas sobre la vida de *Dorothy Day: Entertaining Angels: The Dorothy Day Story (Dorothy Day: Ángeles entretenidos: La historia de Dorothy Day),* y *Revolution of the Heart: The Dorothy Day Story (Revolución del corazón: La historia de Dorothy Day).*

Dorothy Day murió de un ataque al corazón en la tarde del 29 de noviembre de 1980 con su hija, Tamar, a su lado. Fue declarada Sierva de Dios por la Iglesia en marzo de 2000.

11
Hermana Dorothy Kazel, O.S.U.
30 de junio de 1939 - 2 de diciembre de 1980
Mártir Ursulina de El Salvador

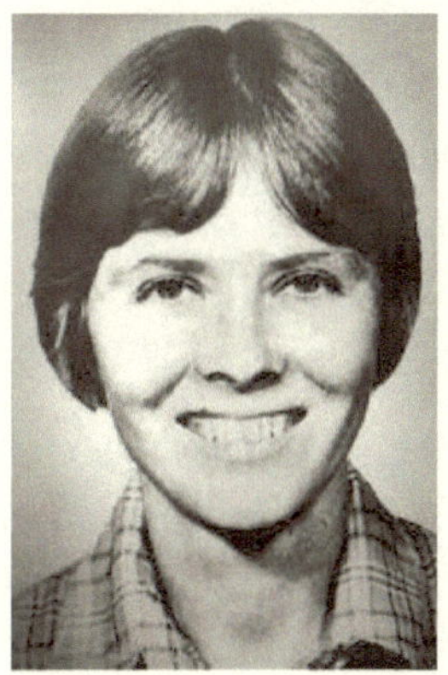

Dorothy Kazel nació el 30 de junio de 1939 en Cleveland, Ohio.

En 1960, se unió a las Hermanas Ursulinas y tomó el nombre de Laurentine en honor a una Hermana Ursulina que había sido martirizada durante la Revolución Francesa. Sin embargo, durante la década de 1960, reasumió su nombre de bautismo y fue conocida como Hna. Dorothy.

En 1965, después de completar su licenciatura y noviciado, la Hermana Dorothy enseñó durante siete años en Cleveland e hizo un trabajo misionero con la tribu Papago en Arizona. Después de obtener su maestría en consejería en 1974, la Hermana Dorothy se unió al equipo misionero de la Diócesis de Cleveland que trabaja en El Salvador.

La Hermana Dorothy trabajaba en La Libertad en la parroquia de la Inmaculada Concepción. En la parroquia, entrenó a catequistas, llevó a cabo programas de preparación sacramental, y supervisó la distribución de ayuda y suministros de alimentos de "servicios de Auxilio Católico". También, trabajó con refugiados de la Guerra Civil Salvadoreña, que estaba en su apogeo en ese momento. A menudo, la Hermana Dorothy se encontraba buscando alimentos, refugio y suministros médicos para los necesitados. También ayudó a transportar a los enfermos y heridos a los centros de salud.

El 2 de diciembre de 1980, la hermana Dorothy y Jean Donovan, una misionera laica del equipo de la Diócesis de Cleveland, condujeron al aeropuerto de San Salvador para recoger a las hermanas Maryknoll Ita Ford y Maura Clarke que regresaban de una conferencia de hermanas Maryknoll en Managua, Nicaragua. Las hermanas no tenían idea de que estaban siendo vigiladas por miembros de la Guardia Nacional.

Después de recoger a los Maryknollers, las cuatro mujeres comenzaron a conducir hacia su destino. Desafortunadamente, fueron detenidos por soldados, llevados a un lugar aislado, violados, golpeados, asesinados y enterrados en tumbas poco profundas.

A medida que se difundió la noticia de su asesinato en El Salvador y los Estados Unidos, se les conoció como las Cuatro Mujeres Mártires de El Salvador. Hoy en día, estas mujeres son recordadas por los cristianos católicos de todo el mundo como verdaderas heroínas misioneras.

En Reitoca, F.M., Honduras, la casa principal en el campus de la Santa Cruz se llama la Casa de los Cuatro Mártires en honor a las cuatro mujeres.

Se han escrito libros sobre la vida de estas cuatro mujeres, y todos están disponibles en Amazon.

12
Hermana Dorothy Stang, SNDdeN
7 de julio de 1931 – 12 de febrero de 2005
Misionero Mártir de la Amazonia

Dorothy Stang, una religiosa católica, dedicó su vida a los trabajadores pobres de la selva amazónica.

Dorothy, cuyos amigos la llamaban Dot, nació el 7 de julio de 1931 en Dayton, Ohio, en una familia de nueve hijos. Cuando tenía 17 años, Dorothy ingresó a las Hermanas de Notre Dame de Namur, y en 1953 fue enviada a servir a los pobres en Arizona.

En 1966, La Hna. Dorothy se ofreció como voluntaria para convertirse en misionera en Brasil. Hasta su muerte en 2005, La Hna. Dorothy vivió y trabajó con personas muy pobres en las selvas del Amazonas. Eventualmente, incluso se convirtió en ciudadana brasileña.

Mientras estaba en el Amazonas, la Hna. Dorothy aprendió varias lenguas indígenas. Comenzó muchas comunidades de base cristianas, fundó 23 escuelas y comenzó muchas parroquias en áreas rurales. También, creó una estructura política que permitiría a los pobres reclamar sus tierras. Ella alimentó a los hambrientos y enseñó a la gente acerca de Jesús y su Iglesia. Fundó centros comunitarios para mujeres y enseñó a la gente que todos los seres humanos deben ser tratados con respeto.

Sin embargo, a pesar de su maravilloso trabajo, la Hna. Dorothy hizo muchos enemigos. Los ganaderos corruptos, y los madereros ilegales, robaron tierras a los pobres y los mantuvieron en la miseria, mientras que los funcionarios corruptos del gobierno harían la vista gorda ante los sufrimientos de los pobres y los actos ilegales de sus opresores. Dorothy se enfrentaba continuamente a los madereros, rancheros y funcionarios del gobierno. En sus oraciones diarias, siempre incluyó a las personas que la odiaban, pero debido a su lucha por los pobres e impotentes, a menudo fue acosada.

Una vez, por ejemplo, la policía la arrestó por repartir lo que llamaron "literatura subversiva". Lo que estaba repartiendo era la *Declaración Universal de Derechos Humanos de las Naciones Unidas.* Para aquellos en el poder, tal documento sería realmente subversivo, como lo fue el mensaje de Jesucristo en su propio día y en el nuestro.

Debido a que era una defensora tan abierta de los pobres e impotentes, los que estaban en el poder a menudo le enviaban correos de odio, insultos y amenazas de muerte. Estas amenazas no hicieron nada para detener a Dorothy: por el contrario, ayudaron a profundizar su compromiso de servir a Cristo sirviendo a la gente. En 2002, las amenazas de muerte se intensificaron, y el alcalde de un pueblo cercano dijo públicamente: "Tenemos que deshacernos de esa mujer si vamos a tener paz". Se distribuyó una lista de personas con "recompensas" por la cabeza, siendo el primer nombre en la lista el de la Hermana Dorothy, con una recompensa de $ 20,000.

Dorothy no se desanimó. Ella dijo: "Sé que quieren matarme, pero no me iré. Mi lugar está aquí junto a estas personas que son constantemente humilladas por los poderosos". A medida que las amenazas se intensificaban, le dijo a una hermana de su orden: "Solo quiero hundirme en Dios".

En el último año de su vida, la Hermana Dorothy viajó a Ohio para visitar a su familia. Cuando regresó, descubrió que el gobierno afirmaba que estaba tratando de organizar una rebelión armada, una acusación totalmente fabricada.

Su martirio era ahora solo cuestión de tiempo. Unos días antes de su muerte, Dorothy estaba hablando con un novicio sobre la oración. Ella dijo: "Miro a Jesús cargando la cruz y pido la fuerza para llevar el sufrimiento de la gente". El día antes de morir, dijo: "Si algo va a suceder, espero que me suceda a mí, porque los demás tienen familias que cuidar".

El 12 de febrero de 2005, la Hna. Dorothy caminaba por un camino de tierra en el corazón del Amazonas en su camino para encontrarse con agricultores pobres que estaban siendo acosados por madereros y ganaderos ilegales. De repente, dos asesinos a sueldo bloquearon su camino. Ella les mostró documentos para probar que la tierra pertenecía a los pobres, pero no escucharon. En cambio, le preguntaron si tenía un arma. Ella dijo que sí, una Biblia. Luego lo abrió y comenzó a leer en voz alta: "Bienaventurados los pobres de espíritu. Bienaventurados los que tienen hambre y sed de justicia. Bienaventurados los pacificadores..." Luego dijo: "Dios los bendiga, hijos míos". En esa bendición, los dos asesinos le dispararon seis veces y corrieron.

Su cuerpo yacía en el camino de tierra todo el día, porque la gente temía las consecuencias de moverla. Cuando llegaron las lluvias, su sangre se mezcló con la tierra.

En el funeral de la Hna. Dorothy, dos mil personas marcharon, y cientos de reporteros de todo el mundo descendieron a la zona. Como concesión a la publicidad internacional, el presidente brasileño creó dos nuevos parques nacionales, y reservó millones de acres de tierra para su protección.

Dos de los libros acerca de Dorothy Stang son: *Un viaje de Coraje: La Increible Historia de la Hermana Dorothy Stang (A Journey of Courage: The Amazing Story of Sister Dorothy Stang)* de Michele Murdock, y *Martir de la Amazonía: La Vida de la Hermana Dorothy Stang (Martyr of the Amazon: The Life of Sister Dorothy Stang)* de Roseanne Murphy.

13
Venerable Edel Mary Quinn
14 de septiembre de 1907 - 12 de mayo de 1944
Misionera de la Legión de María

Edel Mary Quinn nació el 14 de septiembre de 1907 en Castlemanger, Condado de Cork, Irlanda, el hijo mayor de un gerente de banco y su esposa.

Desde muy joven, Edel sintió que Dios la estaba llamando a la vida religiosa. Ella quería unirse a las Clarisas, pero eso era imposible porque tenía tuberculosis avanzada. A pesar de 18 meses en un sanatorio, su condición no mejoró. Entonces, a la edad de 20 años, se unió a la asociación apostólica laica internacional llamada Legión de María, en Dublín. Inmediatamente, comenzó a servir a los pobres en los barrios bajos de Dublín.

En 1936, a la edad de 29 años, Edel sabía que pronto moriría de tuberculosis. Sin embargo, decidió pasar el resto de su vida como misionera extranjera en África, como misionera de la Legión de María. Siguiendo el consejo de un obispo en Kenia, Edel estableció su base de operaciones en Nairobi, la capital de Kenia. Cuando estalló la Segunda Guerra Mundial, estaba sirviendo en toda Kenia y otras naciones africanas. Edel, como representante oficial de la Legión de María, estableció cientos de ramas y consejos de la Legión en las naciones que hoy se conocen como Kenia, Malawi, Mauricio, Tanzania y Uganda.

El Padre J.J. McCarthy, que un día se convertiría en obispo de Zanzíbar y arzobispo de Nairobi, escribió esto sobre Edel:

> "La señorita Quinn es una persona extraordinaria: valiente, celosa y optimista. Deambula en un viejo y maltratado auto Ford, teniendo como único compañero a un conductor africano. Cuando regrese a casa, estará calificada para hablar sobre las Misiones y los Misioneros, teniendo realmente más experiencia que cualquier misionero que conozco".

En 1941, Edel fue admitido en un sanatorio cerca de Johannesburgo, Sudáfrica. La tuberculosis empeoró, y murió el 12 de mayo de 1944 en Nairobi. Está enterrada en el cementerio de los misioneros.

El Papa San Juan Pablo II proclamó a Edel "Venerable" en 1994, por lo que la causa de su beatificación está en marcha.

Hay varios libros en *Amazon.com* sobre la Venerable Edel Mary Quinn.

14
Obispo Edward J. Galvin, S.S.C.
23 de noviembre de 1882 - 23 de febrero de 1956
Un misionero irlandés en China

A lo largo de los 2.000 años de historia de la Iglesia Católica, muchos han seguido el modelo de liderazgo de líder siervo de Jesús. Edward J. Galvin era un hombre así.

Edward nació el día de la fiesta de San Columbano, el 23 de noviembre de 1882, en el condado de Cork, Irlanda. Cuando era niño, tenía el deseo de ser misionero cuando creciera, y este deseo nunca lo abandonó realmente.

Fue al seminario del Colegio de San Patricio en Maynooth, para convertirse en sacerdote de su diócesis natal de Cork, y fue ordenado en 1909.

Desafortunadamente para el P. Edward, había demasiados sacerdotes en la Diócesis de Cork. Entonces, con algunos otros jóvenes recién ordenados, Edward fue a la Diócesis de Brooklyn en la ciudad de Nueva York. Allí, se desempeñó como asociado en la parroquia del Santo Rosario. Durante ese tiempo, el deseo de ser misionero todavía ardía en su corazón. Dos veces, pidió ser misionero: una vez como misionero en África, y otra vez como misionero en Arizona. Ambas ofertas fueron rechazadas.

Por alguna razón, el P. Edward comenzó a pensar en China, y en cómo sería ser misionero allí. Pronto, se encontró leyendo todos los libros que pudo tener en sus manos sobre China. Entonces, un día, un misionero canadiense que estaba trabajando en China vino a visitar la parroquia del Santo Rosario. El misionero fue el P. John Mary Fraser, quien más tarde fundó la Sociedad Misionera de Scarboro en Canadá.

El P. Galvin preguntó si el P. Fraser lo llevaría a China con él, y el P. Fraser aceptó gustoso. Así, a la edad de 29 años, el P. Edward Galvin navegó a China, donde dedicaría el resto de su vida al pueblo chino.

En China, el P. Edward vivió la vida de un misionero al máximo. Estaba tan emocionado por su vida y las grandes necesidades de la gente, que invitó a otros sacerdotes irlandeses a venir y unirse a él. Y, poco a poco, más y más sacerdotes irlandeses vienen a China. Este grupo formó el núcleo de una nueva orden religiosa de misioneros, la Sociedad de San Columbano. El 29 de junio de 1918, la Santa Sede aprobó esta nueva orden, la sociedad misionera oficial de Irlanda, al igual que Maryknoll es la oficial para los Estados Unidos de América. Pronto, la nueva sociedad abrió su propio seminario para entrenar hombres para las misiones.

En 1920, solo ocho años después de que el P. Galvin fuera a China, la Sociedad de San Columbano tenía 40 sacerdotes y 60 seminaristas.

En China, el P. Edward enfrentó inundaciones, bandidos, secuestros, muertes de compañeros misioneros, hambre, guerras civiles, incendios y cualquier otro tipo de prueba imaginable. En 1927, el P. Galvin fue ordenado obispo de Hanyang.

El obispo Galvin siempre puso a sus sacerdotes y a su pueblo primero, y a sí mismo en segundo lugar. Si alguna vez hubo una persona que demostró el modelo de liderazgo de servicio de Jesús, fue Edward. Sirvió fielmente al pueblo de China hasta que él y otros misioneros católicos fueron expulsados de China por el gobierno comunista en 1952. Murió en Irlanda el 23 de febrero de 1956.

William E. Barrett, autor de dos libros que se convirtieron en películas americanas, *Los Lirios del Campo (The Lilies of the Field)* y *La Mano Izquierda de Dios (The Left Hand of God)*, escribió un magnífico libro sobre la vida del obispo Galvin, llamado *The Red Lacquered Gate.*

15

Sra. Eleanor Josaitis

17 de diciembre de 1931 - 9 de agosto de 2011

La Madre Teresa de Detroit

Aunque pensamos que los misioneros viajan a otras naciones, algunos se convierten en "misioneros doméstica", nunca abandonando su tierra natal. Eleanor Josaitis fue una de esas misioneras.

Eleanor Mary Reed nació el 17 de diciembre de 1931. Cuando creció, se casó con Donald Josaitis, y juntos tuvieron cuatro hijos.

En la década de 1960, Eleanor se enfureció por el tratamiento de los negros en la marcha por los derechos civiles en Selma, Alabama y en su ciudad natal de Detroit, Michigan.

Junto con un sacerdote, el P. William Cunningham, Eleanor cofundó Focus: HOPE, una organización de derechos civiles diseñada para proporcionar a los negros americanos servicios prácticos y necesarios para tener éxito en la vida.

Con el P. Cunningham, también cofundó los programas de educación y capacitación de los Centros de Oportunidades para ayudar a las mujeres, y las minorías raciales, a acceder a empleos y carreras. Por ejemplo, el P. Cunningham y la Sra. Josaitis comenzaron el Instituto de Formación de Maquinistas comprando una fábrica no utilizada, y equipándola con modernas máquinas metalúrgicas. También se aseguraron de que las personas a las que servían tuvieran una educación adecuada, desde la educación básica hasta la capacitación en habilidades. Cuando Eleanor murió, pudo decir que más de 11,000 hombres y mujeres se habían graduado de estos programas.

Eleanor Josaitis murió el 9 de agosto de 2011. En su memoria, Detroit *Free Press* y la Coalición de Asuntos Metropolitanos de Detroit presentan conjuntamente un premio anual, el Premio Eleanor Josaitis Unsung Hero, para reconocer a un individuo, uno que aún no ha recibido el reconocimiento generalizado que merece, por los esfuerzos de larga data para promover la cooperación y el entendimiento regional.

16
Padre Felim McAllister, C.S.Sp.
Agosto de 1941 – 12 de marzo de 1994
Mártir Irlandés de Sierra Leona

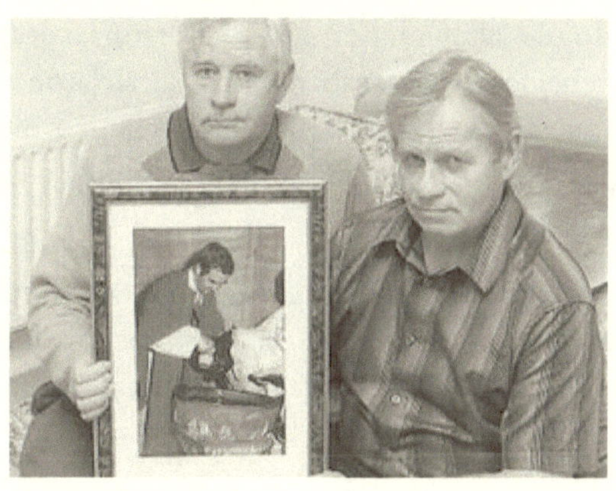

Felim McAllister fue un irlandés que pasó casi toda su vida como misionero en la nación africana de Sierra Leona.

Felim nació en agosto de 1941 en Donabate, Condado de Dublín, en Irlanda.

En 1967, fue ordenado para los Padres del Espíritu Santo, más comúnmente conocidos hoy como los Espiritanos. Fue enviado a Sierra Leona, en África occidental, uno de los países más pobres del mundo.

Fue en Sierra Leona, donde el P. Felim trabajó como sacerdote misionero con otros misioneros irlandeses durante 26 años. El P. Felim capacitó a catequistas, recaudó fondos para varios proyectos, construyó iglesias y escuelas en muchas ciudades, y construyó un hospital en su ubicación de asignación final, Panguma.

Una guerra civil de brutalidad casi sin igual se estaba librando en Sierra Leona en los últimos días del P. Felim, con las fuerzas rebeldes violando, saqueando y matando a civiles. Una semana antes de que el P. Felim fuera asesinado por las fuerzas rebeldes, escribió una carta a casa. En parte, decía: "Tongafield, la parroquia más amplia, es destruida por los rebeldes con cientos de casas quemadas y todas las casas y tiendas saqueadas. Estoy ocupado tratando de alimentar a 12,000 personas desplazadas de las regiones. Los rebeldes se acercaban, pero se alejaron a tres millas de Panguma, pero nuestro lugar es el siguiente objetivo obvio. Existe un peligro real de que el país caiga en una anarquía similar a la de Somalia. La gente no confía en el ejército".

El P. Felim tenía razón; Panguma era el siguiente en la lista de objetivos de las fuerzas rebeldes. El 12 de marzo de 1994, los rebeldes mataron al P. Felim McAllister mientras intentaba transportar al personal de la misión a un lugar seguro en automóvil. Tenía 52 años.

Después de su muerte, los partidarios del P. Felim en Irlanda enviaron dinero para reconstruir el ala infantil del hospital en Panguma.

El P. Felim está enterrado en Sierra Leona, pero se ha construido un monumento conmemorativo en la Iglesia de Donabate en Dublín, Irlanda.

En la foto, vemos a dos de los hermanos de Felim sosteniendo una foto de Felim.

17
San Fidelis de Sigmaringen, O.F.M. Cap.
1577 - 24 de abril de 1622
Un Misionero Dedicado a los Pobres y Enfermos

Mark Roy, o Rey, nació en 1577 en Sigmaringen, en lo que hoy es Alemania.

De joven, estudió derecho en la Universidad de Friburgo. Como estudiante universitario, Mark exhibió ciertas cualidades que presagiaron su posterior atracción por la vida religiosa. Por ejemplo, se abstuvo del vino, usó una camisa de pelo, y se destacó por las virtudes de la castidad y la humildad.

Después de graduarse, enseñó filosofía en la misma universidad. En 1604, llevó a un pequeño grupo de estudiantes aristocráticos en un viaje increíble por toda Europa occidental. No sólo sirvió como tutor de los jóvenes como guía de Europa, sino que también les enseñó a atesorar su fe católica y a cuidar de los pobres que encontraron en su viaje.

En 1611, Mark obtuvo un doctorado en derecho civil y canónico, y comenzó a ejercer la abogacía. Pronto, se hizo conocido como "el abogado del pobre" debido a su amor por los pobres y su disposición a ayudarlos a pesar de su falta de dinero.

Sin embargo, después de ejercer la abogacía por un tiempo, Mark se desilusionó por las prácticas poco éticas de algunos de sus compañeros abogados. Por lo tanto, decidió dejar la ley y convertirse en sacerdote.

Mark se unió a su hermano, George, en la Orden Franciscana Capuchina. En la vida religiosa, Mark tomó el nombre Fidelis. Regaló su dinero a seminaristas necesitados y a los pobres. De 1614 a 1618, estudió teología.

Después de su ordenación como sacerdote, el P. Fidelis pasó gran parte de su tiempo predicando y celebrando la Reconciliación. Pronto, se hizo conocido por su santidad, vida de oración y austeridad.

Como sacerdote, el P. Fidelis no solo fue un buen administrador de los conventos a los que sirvió, sino también un poderoso predicador que convirtió a muchos a la fe.

Pero no importa en qué tipo de ministerio se encontrará, el P. Fidelis siempre tuvo una devoción especial por los pobres y los enfermos. Durante una epidemia muy grave, por ejemplo, se distinguió como un excelente enfermero, cuidando a soldados enfermos. Muchos de los que cuidó, creen que Dios realizó curaciones milagrosas a través de su cuidado de enfermería.

El P. Fidelis murió el 24 de abril de 1622. El Papa Benedicto XIV lo canonizó el 29 de junio de 1746. La fiesta de San Fidelis de Sigmaringen es el 24 de abril.

18
San Francisco Coll y Guitart, O.P.
18 de mayo de 1812 - 2 de abril de 1875
El Apóstol de los Tiempos Modernos

Francisco Coll y Guitart fue un misionero dominico español que vivió en el siglo XIX.

Francisco nació el 18 de mayo de 1812 en Gombrén, Cataluña, España, el último de diez hijos de un cardador de lana.

Cuando tenía 10 años, Francisco fue enviado a un seminario, y a una edad temprana, se preocupó por la educación de los niños.

En 1830, se unió a la orden dominicana. En ese momento, sin embargo, el gobierno español suprimió las órdenes religiosas católicas. Por lo tanto, no pudo usar el hábito dominicano o vivir en una casa dominicana. Sin embargo, fue ordenado sacerdote dominico el 28 de marzo de 1836.

Como nuevo sacerdote, Francisco ofreció su servicio al obispo local, y comenzó a servir como misionero itinerante en parroquias en el noreste de España durante 40 años. Debido a su gran predicación, se le dio el apodo de "El Apóstol de los Tiempos Modernos".

De 1839 a 1850, el P. Francisco trabajó con los pobres y enfermos, especialmente con las víctimas de una epidemia de cólera en 1854.

En 1856, cofundó una congregación de Hermanas Dominicanas con su amigo, San Antonio María Claret. El grupo, conocido como las Hermanas Dominicas de la Anunciación de la Santísima Virgen María, tenía la intención de proporcionar la misma educación a las niñas que estaba disponible para los niños. En el momento de la muerte del P. Francisco, la orden contaba con 300 en 50 comunidades. Hoy en día, las Hermanas se sirven en países de todo el mundo.

El 2 de diciembre de 1869, Francisco quedó ciego mientras predicaba. Su condición física empeoró, y el 2 de abril de 1875, murió.

El Papa Benedicto XVI canonizó a Francisco el 11 de octubre de 2009. La fiesta de San Francisco Coll y Guitart es el 19 de mayo, fecha de su bautismo.

19
San Francisco de Laval
30 de abril de 1623 - 6 de mayo de 1708
Padre de la Iglesia Canadiense

François-Xavier de Montmorency-Laval, más conocido como Francisco de Laval, nació el 30 de abril de 1623 en Francia en el seno de una ilustre familia.

Desde temprana edad, los padres de Francisco le enseñaron a ser caritativo con aquellos que tenían poco en la vida. La familia inculcó fuertes virtudes religiosas: uno de sus hermanos, Henri, se convirtió en monje benedictino, y una de sus hermanas, Anne Charlotte, una hermana del Santísimo Sacramento.

Cuando era joven, Francisco decidió que Dios lo llamaba no solo a ser sacerdote, sino también a ser misionero como su santo patrón, Francisco

Javier. Afortunadamente, estudió en París en una institución que se haría famosa por su compromiso con las misiones extranjeras. Francisco fue ordenado sacerdote a la edad de 24 años en 1647.

En 1658, François fue consagrado obispo, y en 1659, desembarcó en Quebec.

De todos los problemas que encontró el obispo Francisco, la venta de alcohol a los aborígenes de Canadá fue uno de los mayores. Los comerciantes blancos hicieron que los nativos se volvieran dependientes del alcohol, con todos sus problemas físicos, psicosociales y espirituales asociados. Hizo todo lo posible para convencer a los comerciantes de que vender alcohol a los nativos no era lo mejor para ellos, pero las ventas de alcohol continuaron, al igual que los problemas resultantes.

El obispo Laval pudo establecer un sistema educativo para niños, escuelas de capacitación para jóvenes mayores, y un seminario. Uno de sus esfuerzos se convirtió en una universidad que lleva su nombre. Su obra misionera fue tan impresionante que a menudo se le llama el "Padre de la Iglesia Canadiense".

Francisco de Laval murió el 6 de mayo de 1708 en Quebec y fue canonizado por el Papa Francisco en 2014. La fiesta de San Francisco es el 6 de mayo.

20
Hermana Irene McCormack, R.S.J.
21 de agosto de 1938 – 21 de mayo de 1991
Martirizada por Sendero Luminoso

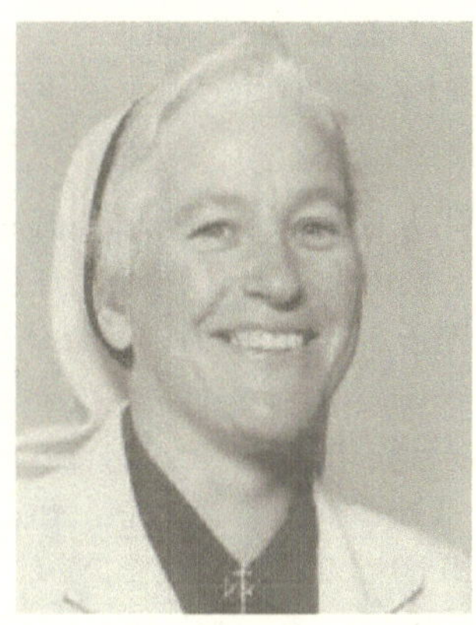

Irene McCormack nació en Kununoppin, una pequeña comunidad rural en Australia Occidental, el 21 de agosto de 1938.

En 1957, Irene se unió a las Hermanas de San José del Sagrado Corazón y pasó los siguientes 30 años como maestra y directora de escuela. Era conocida como una maestra y directora popular, enérgica y exigente. También fue una consumada golfista y jugadora de tenis y, desde temprana edad, fue una ávida fanática del fútbol australiano.

Después de 30 años de enseñanza, La Hermana Irene decidió que Dios quería que se convirtiera en misionera en Perú. Su primera asignación fue servir a los pobres cerca de Lima, pero el 26 de junio de 1989, la Hermana Irene se fue a servir en Huasahuasi, una comunidad en lo alto de los Andes a unos 200 kilómetros (124 millas) de Lima. Con Dorothy Stevenson, supervisó la distribución de bienes de emergencia por parte de una organización benéfica llamada Caritas Perú.

La Hermana Irene también proporcionó a los niños pobres instalaciones de biblioteca para ayudarlos en sus tareas escolares, enseñó a los miembros eucarísticos ordinarios de la Sagrada Comunión, y visitó a los feligreses que vivían en aldeas distantes.

Una década antes del servicio de Irene en Perú, una organización revolucionaria maoísta llamada *Sendero Luminoso* lanzó una guerra guerrillera en Perú con el objetivo de establecer un estado completamente comunista. [¡La mitad de los guerrilleros, y el 40 por ciento de los líderes, eran mujeres!]

El 17 de diciembre de 1989, la gente advirtió a los sacerdotes católicos en Huasahuasi que estaban en peligro por Sendero Luminoso, por lo que los sacerdotes y las dos hermanas partieron hacia Lima. Pero las hermanas Irene y Dorothy se sintieron incómodas de que la iglesia y sus feligreses estuvieran desatendidos, por lo que el 14 de enero de 1990, las dos regresaron a Huasahuasi. Durante el año siguiente, Irene y Dorothy fueron el único liderazgo católico oficial en el pueblo. Comono había sacerdotes, dirigían los servicios e hicieron lo que pudieron para ayudar a los feligreses.

El 21 de mayo de 1991, La Hermana Irene se encontró sola en el convento. Sendero Luminoso la capturó a ella y a cuatro hombres de la aldea. Irene y los cuatro aldeanos fueron juzgados en un tribunal arbitrario y condenados a muerte. Los aldeanos trataron de salvar la vida de Irene explicando que no era una "yanqui" (americana), sino una australiana. Eso no hizo ninguna diferencia para Sendero Luminoso. Irene y los cuatro hombres recibieron disparos en la parte de atrás de la cabeza, matando a todos. La Hermana Irene tenía 52 años.

Anne Henderson ha escrito sobre la vida y la muerte de la Hermana Irene en un libro llamado "La Muerte de la Hermana McCormack" *The Killing of Sister McCormack*..

21
Beata Irene Stefani, M.C.
22 de agosto de 1891 - 31 de octubre de 1930
La llamaron Madre de la Misericordia

Aurelia Mercede Stefani nació el 22 de agosto de 1891 en Anfo, Brescia, Italia, una de 12 hijos. Cuando tenía 15 años, su madre murió, por lo que ayudó a criar a sus dos hermanas menores y a su hermano.

En junio de 1911, Aurelia se unió a las Hermanas Misioneras de la Consolata y profesó en la orden el 29 de enero de 1914, justo antes del estallido de la Primera Guerra Mundial. En la orden, ella tomó el nombre de Irene. En diciembre de ese año, el Beato Giuseppe Allamano, fundador de las Hermanas Misioneras de la Consolata, le dio una misión como misionera en Kenia. Llegó allí en enero de 1915.

Aunque La Hermana Irene enseñaba clases de catecismo y, a veces, enseñaba en las escuelas, su papel principal era el de enfermera. De hecho, como enfermera en Kenia, se ganó el apodo de "Nyaatha", que significa "Madre de Misericordia". Durante la Primera Guerra Mundial, cuidó a soldados heridos y otros. En agosto de 1916, fue nombrada para servir en la Cruz Roja en hospitales militares en Kenia y Tanzania.

Cuando terminó la guerra, La Hermana Irene ayudó a formar una nueva orden religiosa, las Hermanas María Inmaculada. Después de dos años fue a la misión de Gikhondi en Kenia, donde enseñó catecismo y visitó a los feligreses de las aldeas. Allí, trabajó hasta su muerte.

En 1930, La Hermana Irene contrajo una enfermedad que contrajo al tratar a un paciente y se debilitó mucho durante el verano. Sin embargo, el 20 de octubre de 1930, insistió en visitar a un paciente con peste, permaneciendo con el paciente durante varias horas. Once días después, el 31 de octubre de 1930, La Hermana Irene murió.

Irene dijo: "El misionero es el que tiene un corazón para amar, las manos para ayudar, la boca para anunciar. ¡Eso es todo!"

La Hermana Irene fue beatificada en 2015. La fiesta de la Beata Irene Stefani es el 31 de octubre. Es patrona de Nyeri (Kenia) y de los Misioneros de la Consolata.

22

Beato Jerzy Popieluszko

14 de septiembre de 1947 - 19 de octubre de 1984

Sacerdote Solidario

Jerzy Popieluszko era un joven cuya obra misionera estaba en su Polonia natal.

Alphons, su nombre de bautismo nació el 14 de septiembre de 1947 en el pequeño pueblo de Okopy. Sus padres eran cristianos católicos devotos. Cuando era niño, Alphons caminaba tres millas para servir en la misa, y cada noche, regresaba a la iglesia para rezar el rosario.

Cuando era adolescente, Alphons se dio cuenta de su llamado al sacerdocio. Pero debido a que el gobierno comunista desaconsejóla religión, Alphons tuvo que mantener su deseo en secreto.

Después de graduarse de la escuela secundaria, Alphons ingresó al seminario en Varsovia. Después de un año, sin embargo, fue reclutado por el gobierno y asignado a una unidad especial del ejército diseñada para desalentar a los seminaristas católicos en su búsqueda del sacerdocio ordenado.

Los líderes comunistas hicieron lo que pudieron para romper a Alphons, pero nada de lo que hicieron funcionó. Por ejemplo, cuando se negó a aplastar su rosario debajo de su talón, lo pusieron en confinamiento solitario durante un mes. Y como se negó a quitarse una medalla del cuello, lo hicieron gatear por el campamento y sus manos y rodillas bajo la lluvia helada. Ninguno de los castigos o humillaciones que Alphons experimentó disminuyó su compromiso de convertirse algún día en sacerdote.

El 28 de mayo de 1972, Alphons fue ordenado sacerdote y se le dio un nuevo nombre, Jerzy. Pronto, se encontró cuidando pequeñas parroquias y como capellán en Varsovia.

El P. Jerzy se hizo famoso por hablar en contra del comunismo en sus sermones, muchos de ellos transmitidos por Radio Free Europa Libre. Finalmente, el P. Jerzy se convirtió en el capellán de Solidaridad, el grupo obrero anticomunista.

La agencia de servicios secretos del gobierno, SB, que era la versión polaca de la KGB en la URSS o la *Stasi* de Alemania Oriental, hizo lo que pudo para matar al P. Jerzy. El 19 de octubre de 1984, después de celebrar la Misa, el P. Jerzy regresaba a Varsovia. Fue detenido por agentes de la SB, golpeado severamente y arrojado a un río con una bolsa de piedras atada a sus pies. Su cuerpo fue descubierto 10 días después.

El P. Jerzy fue Beatificado el 6 de junio de 2010 en Varsovia, Polonia. La fiesta del Beato Jerzy es el 19 de octubre..

23
Hermana Joan Sawyer, S.S.C.
1932 - 14 de diciembre de 1983
Mártir de la Cárcel de Lurigancho

Joan Sawyer era una hermana misionera de Donegore en el condado de Antrim, Irlanda del Norte.

Como joven adulta, Juana se unió a las Hermanas Misioneras de San Columbano e hizo su profesión en 1957. En 1971, fue enviada a trabajar en los Estados Unidos antes de ser enviada a Perú en 1977.

En Perú, la Hermana Joan trabajó en barrios muy pobres de Lima y en comunidades rurales de los Andes. Mientras Hna. Joan estuvo en Perú, fue interrumpida por la guerra civil instigada por el movimiento revolucionario Maoísta, Sendero Luminoso.

La Hermana Joan también trabajó en prisión en una de las peores cárceles del mundo, Lurigancho. Fue en este terrible lugar donde La Hermana Joan perdió la vida.

El 14 de diciembre de 1983, cuando La Hermana Joan estaba trabajando en su ministerio penitenciario, nueve prisioneros decidieron escapar. Los prisioneros se llevaron a cuatro hermanas (tres Maristas y La Hermana Joan), además de dos trabajadoras sociales voluntarias que habían venido a la prisión para ayudar a prepararse para una celebración navideña.

Los prisioneros tomaron cinco rehenes, los cargaron en una ambulancia e intentaron escapar. Sin embargo, tan pronto como la ambulancia con los prisioneros y rehenes salió de la puerta, los funcionarios de la prisión abrieron fuego. Una de las personas asesinadas en el tumulto fue la hermana Joan.

Hoy, la memoria de La Hermana Joan Sawyer sigue viva. En 1984, se erigió una enorme cruz de madera donde tuvo lugar su asesinato, en la que están escritos los nombres de los que fueron asesinados.

24
Monseñor John Fraser, S.F.M.
1877 – 3 de septiembre de 1962
El Fundador de Scarboro

John Fraser, fundador de la Sociedad de la Misión Extranjera de Scarboro, nació en 1877 en Toronto, hijo de inmigrantes escoceses.

Después de terminar su trabajo de pregrado en Canadá, fue enviado al Collegio Brignole Sale en Génova, Italia, para estudiar para el sacerdocio. En esta escuela, fue muy influenciado por los misioneros que habían regresado de su obra misional en todo el mundo.

El P. Fraser fue ordenado en Génova específicamente "para las misiones", y después de visitar a su familia en Canadá, zarpó hacia China en 1902. Se cree que el P. John es el primer misionero católico norteamericano en China.

Después de ocho años, el P. John recorrió Canadá, Inglaterra, Irlanda, Escocia y los Estados Unidos, para aumentar el interés en su trabajo en China. Un hombre que inspiró mucho fue Edward Galvin, un sacerdote que más tarde fundó la Sociedad Misionera de San Columbano, y que es el tema de otro capítulo en este libro.

En noviembre de 1918, el P. Fraser recibió permiso para formar un colegio misionero en Canadá del Obispo de Ottawa, y en 1919 abrió el Seminario de la Misión de China en un molino de harina renovado en Almonte, Ontario. Más tarde, el nuevo seminario se mudó a Scarborough y se conoció como Misiones de Scarboro.

Con el tiempo, muchos de los graduados del seminario se unieron a él en China. Debido a su trabajo, el Vaticano le dio el título de Monseñor en 1932.

En 1941, Monseñor John regresó brevemente a Canadá para atender asuntos importantes de su creciente sociedad misionera. A su regreso a China, quedó atrapado en Manila debido al estallido de la Segunda Guerra Mundial. Allí, fue internado durante tres años y medio y regresó a Canadá, indigente, en 1945.

En 1946, Monseñor John regresó a China y continuó su trabajo. Tres años más tarde, en 1949, regresó a Toronto para asistir al segundo Capítulo General de la Sociedad. Mientras estuvo allí, los comunistas habían tomado el poder en China y prohibieron la entrada de misioneros cristianos. Nuncamás volvió a ver China, y sus compañeros sacerdotes misioneros de Scarboro fueron expulsados.

Monseñor Fraser luego puso su mirada en Japón. Invitado por el obispo de Nagasaki, John comenzó sus nuevas aventuras misioneras en 1950, a la edad de 73 años. En Japón, fundó iglesias y escuelas en todo el país.

El 3 de septiembre de 1962, Monseñor John Fraser murió en Osaka y está enterrado en el cementerio católico allí..

25
San José de Anchieta, S.J.
19 de marzo de 1534 - 9 de junio de 1597
Apóstol de Brasil

José de Anchieta fue un hombre del siglo XVI cuyos logros misioneros fueron casi sobrehumanos.

José nació en la fiesta de San José, el 19 de marzo de 1534 en Tenerife, Islas Canarias. Cuando era joven, se dislocó la columna vertebral, causándole dolor de espalda crónico.

Se unió a la Compañía de Jesús (Jesuitas) a la edad de 17 años. Los Jesuitas decidieron enviarlo a Brasil, con la esperanza de que un clima más cálido mejoraría su espalda. Entonces, dos años más tarde, en 1553, fue con un compañero Jesuita, Emanuel Nóbrega, a Brasil para servir como misionero. Trabajó en Brasil durante los siguientes 44 años, pero el clima nunca sanó su espalda ni redujo su dolor crónico.

José tenía un don para los idiomas: sabía latín, español, portugués y tupi, como se ve en sus informes a sus superiores y sus otros escritos. Tupi era el idioma de una de las tribus indígenas con las que trabajó por primera vez en Brasil. Además de su trabajo misionero regular, compuso una gramática y un diccionario en tupi para misioneros portugueses.

Durante su tiempo en Brasil, José fue ordenado sacerdote.

Una vez, durante sus años en Brasil, fue capturado y mantenido como rehén por la tribu Tamoyo. Para pasar el tiempo, compuso un poema en honor a la Santísima Virgen María. Como no tenía ni lápiz ni papel, caminaba por la playa y escribía los versos en la arena mojada. Luego, memorizaba los versos, en latín. Cuando fue liberado, entregó el poema al papel, ¡las 4,172 líneas de éste!

Además del mega-poema que escribió, José también escribió obras de teatro para que los estudiantes las interpretaran. Escribió las obras en latín, portugués, español y tupi. Como resultado de sus escritos, tiene el honor de ser conocido como el "Padre de la literatura nacional brasileña".

El P. José también escribió muchos volúmenes de teología, teatro y poesía, y publicó la primera obra en lengua tupi. También produjo informes sorprendentes sobre la vida, el conocimiento y las costumbres de la población local, actuando como una especie de etnógrafo sociológico o antropológico. También escribió tratados sobre la vida silvestre y la geografía de Brasil.

Si todo eso no fuera suficiente, también se le acredita como uno de los fundadores de São Paulo y Río de Janeiro.

Después de toda una vida de dolor de espalda crónico y muchas décadas de trabajo misionero, el Padre José murió el 9 de junio de 1597 en Brasil.

El Papa Francisco canonizó a José en 2014. Su fiesta es el 9 de junio. José de Anchieta es conocido como el "Apóstol de Brasil" por sus increíbles contribuciones a la gente y la cultura del país al que sirvió la mayor parte de su vida.

26
San José Gabriel del Rosario Brochero
16 de marzo de 1840 - 26 de enero de 1914
El Sacerdote Gaucho

San José Gabriel del Rosario Brochero nació el 16 de marzo de 1840 en Santa Rosa de Río Primero, Córdoba, Argentina, el cuarto de diez hijos. Su familia era muy devota. De hecho, sus dos hermanas se convirtieron en hermanas religiosas.

Cuando tenía 16 años, José comenzó a estudiar para ser sacerdote. Durante sus primeros estudios, conoció a Miguel Ángel Juárez-Celman, quien algún día sería el décimo presidente de Argentina.

En agosto de 1866, José se convirtió en miembro de la Tercera Orden de Santo Domingo, fue ordenado sacerdote de la Arquidiócesis de Córdoba, Argentina, el 4 de noviembre de 1866. Una de sus primeras asignaciones fue como prefecto de estudios en el seminario. El 12 de noviembre de 1869, recibió un grado académico avanzado. Al año siguiente de su ordenación, el P. José se encontró cuidando a los enfermos durante una epidemia de cólera. Su heroica enfermería clínica de pacientes infecciosos fue la primera pista de que este hombre no tenía miedo de servir a las personas de cualquier manera que pudiera.

Incluso desde sus primeros días como sacerdote, el P. José mostró un profundo amor por las personas y un fuerte deseo de ayudarlas a avanzar. Afortunadamente, también tenía la practicidad de un buen administrador y la energía y la fuerza para llevar a cabo sus planes. Por ejemplo, para ayudar a las personas a desarrollar su espiritualidad, fundó una Casa de Ejercicio en 1877 y una escuela para niñas en 1880.

Sin embargo, por lo que el P. José fue más famoso fueron sus muchos años como párroco de una vasta y primitiva zona rural en la región de las Grandes Tierras Altas de Argentina. En su parroquia que cubría 1,675 millas cuadradas, el P. José sirvió a 10,000 feligreses dispersos por todas las montañas y valles.

El P. José era una figura familiar entre su rebaño, montado a caballo o en mula con su poncho y sombrero. La figura que cortó lo llevó a ser conocido como "el gaucho" o sacerdote "vaquero".

Aunque su pasión principal era llevar los sacramentos a la gente, siempre se esforzó por mejorar sus vidas físicas. Por ejemplo, al P. José se le atribuye la construcción de oficinas de correos y estaciones de telégrafo, casi 125 millas de carreteras, y ayudar a los funcionarios a planificar un ferrocarril en el área.

El P. José siempre tuvo un amor especial por los enfermos y los pobres, y uno casi puede imaginar a este vaquero religioso llegando en su caballo para dar cuidados básicos de enfermería a las personas en áreas remotas de montañas y valles.

Al final de su vida, el P. José sirvió en la Catedral de Córdoba y más tarde como párroco en Villa del Tránsito.

En algún momento de sus viajes pastorales, el P. José contrajo la enfermedad de Hansen (lepra). Algunas personas pensaron que el P. José lo contrajo al tomar *yerba mate* con leprosos. (*La yerba mate* es una bebida con cafeína que proviene de un acebo de la selva tropical). Otros especulan que contrajo lepra al cuidar a una o más personas con lepra en sus viajes. El P. José, que finalmente quedó ciego y sordo, murió el 26 de enero de 1914. La causa de la muerte fue la lepra. Sus últimas palabras fueron: "Ahora tengo todo listo para el viaje".

El Papa Francisco, quien comparó a José con el santo patrón de los sacerdotes, San Juan Vianney, canonizó a José Gabriel del Rosario Brochero el 16 de octubre de 2016. Su fiesta es el 26 de enero.

Es un santo patrón de Córdoba y su seminario mayor, el clero y la Diócesis de Cruz del Eje en Argentina.

27
Siervo de Dios Joseph (José) Walijewski
15 de marzo de 1924 - 11 de abril de 2006
Un Wisconsinita en América del Sur

El P. Joseph Walijewski (pronunciado Wali-ES-ki) fue sacerdote de la Diócesis de La Crosse, Wisconsin y misionero en América del Sur.

Joseph nació en Grand Rapids, Michigan el 15 de marzo de 1924, uno de 10 hijos. Después de graduarse de la escuela católica, Joseph se mudó al estado de Wisconsin para ingresar al seminario. En abril de 1950, fue ordenado sacerdote de la Diócesis de La Crosse, Wisconsin.

En la diócesis, sirvió a parroquias en tres comunidades. Luego, en 1955, escuchó un discurso sobre la necesidad de misioneros en América del Sur.

Le preguntó a su obispo si podía ir a Bolivia, pero el obispo le dijo que orara al respecto y que volviera con él en un año. Luego, en 1956, el obispo accedió a su solicitud de ir a Bolivia.

El P. Joseph fue a la ciudad de Santa Cruz, donde se reunió con el obispo Charles Brown, él mismo misionero. El obispo le dio un machete, y los dos comenzaron a abrirse camino a través de la selva fuera de la ciudad. De repente, el obispo se detuvo y dijo: "Construye una iglesia aquí. La gente vendrá y construirá sus casas alrededor de la iglesia". Entonces, eso es exactamente lo que hizo el P. Joseph. Construyó la parroquia de la Santa Cruz y permaneció allí durante una década antes de ser llamado de nuevo para servir nuevamente en la Diócesis de La Crosse.

En 1970, un terremoto devastó el país de Perú, matando a más de 74,000 personas. El P. Joseph fue enviado a Perú para ayudar. En las afueras de la ciudad capital de Lima, fundó la parroquia de Cristo Salvador en Villa El Salvador. Durante los siguientes años, la población de la parroquia explotó, creciendo de 80,000 a 900,000. El Padre José fundó ocho capillas en la zona.

Durante el tiempo que el P. José estuvo en Perú, los terroristas atacaron a sacerdotes en Lima debido a su trabajo de apoyo a los pobres. Los terroristas sentían que si los pobres se volvían poderosos, se levantarían contra los ricos y poderosos. El P. José pudo escapar de varios intentos de asesinato contra su vida, incluida una vez cuando la dinamita empacada en un tractor que estaba usando para trabajar alrededor de su iglesia no detonó.

En 1985, el Papa Juan Pablo II visitó Lima y se reunió con el Padre José. Antes de salir del país, el Papa le dio al Padre José un regalo de $ 50,000. Con este dinero, el Padre José fundó un orfanato que llamó *Casa-Hogar Juan Pablo II* en 1986.

Incluso después de servir cincuenta años en el sacerdocio ordenado, el Padre José mantuvo su ritmo de trabajo. De hecho, en 2000, 50 años después de su ordenación, iba a la selva tropical todos los domingos para celebrar misas con los indios ashiko, y en 2005, fundó la Casa de Retiro de San José en Chontabamba, Perú.

Cada año, el Padre José regresaba a la Diócesis de La Crosse, Wisconsin para hablar sobre su trabajo en América del Sur. Una persona que tuvo el privilegio de escuchar muchas de las historias del sacerdote fue un seminarista llamado James Altman. James, quien eventualmente se convirtió en sacerdote, dijo que el P. José podía hablar durante horas sobre las personas a las que servía, cómo era ser misionero y cómo tenía que tener mucho cuidado de no ser asesinado por terroristas y agentes del gobierno debido a su servicio a los pobres. Como dijo James Altman: "Era un hombre humilde con gran fe".

El Padre José murió como él deseaba, mientras trabajaba con los pobres. Después de enfermarse, fue llevado a un hospital en Lima. Murió de neumonía y leucemia aguda el 11 de abril de 2006 a la edad de 82 años.

Menos de un año después de que William Callahan fuera instalado como obispo de La Crosse, fue a Lima, Perú, para ver dónde había vivido y trabajado el Padre José. Estaba asombrado por lo que llamó "uno de los vertederos de basura más increíbles que el mundo haya conocido. El padre Joe fue enviado a las personas que vivían en esa miseria, y ahí es donde estaba su parroquia". El obispo se sintió increíblemente conmovido al observar la reverencia que los niños mostraban alrededor de la tumba del Padre José.

Hoy en día, el Padre José es conocido como el Siervo de Dios Joseph Walijewski. La Diócesis de La Crosse, Wisconsin, además de tener al Padre José en el camino hacia la santidad, también tiene al Beato Solanus Casey en el mismo camino.

28
Madre José del Sagrado Corazón, S.P.
16 de abril de 1823 - 19 de enero de 1902
Misionera en el Salón de la Fama de las Vaqueras

Cada vez que la mayoría de la gente piensa en "misioneros", las primeras imágenes que generalmente vienen a la mente son sacerdotes o hermanas que viajan en un bote por el río Amazonas, caminando en selvas de África o tal vez cuidando a los enfermos en un hospital de una isla tropical. Nunca la imagen de "vaquera" entra en su mente. Sin embargo, la Madre José del Sagrado Corazón fue incluida en el Salón Nacional de la Fama de las Vaqueras (EE. UU.).

La Madre José (Joseph), cuyo nombre original era Esther Pariseau, nació en Quebec el 16 de abril de 1823. En 1843, a la edad de 20 años, decidió convertirse en miembro de las Hermanas de la Caridad de la Providencia (ahora conocidas como las Hermanas de la Providencia).

Su padre ebanista, Joseph, la llevó al convento. Cuando la presentó a la Madre Superiora, supuestamente dijo: "Te traigo a mi hija, Ester, que desea dedicarse a la vida religiosa. Puede leer, escribir, figurar con precisión, coser, cocinar, hilar y hacer todo tipo de tareas domésticas. Incluso puede hacer carpintería, manejar un martillo y una sierra, así como su padre. También puede planificar para otros y tiene éxito en cualquier cosa que emprenda. Le aseguro, señora, que algún día será una buena superiora".

Ester tomó el nombre de Hermana José del Sagrado Corazón en honor a su padre. Y, ella probó sus palabras muchas veces.

En 1856, por invitación del obispo de la nueva Diócesis de Nesqually (ahora la Arquidiócesis de Seattle) en el estado de Washington, la Madre José llevó a un grupo de Hermanas al noroeste del Pacífico. Comenzaron su trabajo en una pequeña cabaña que convirtieron en una escuela, acogiendo huérfanos y un anciano que no tenía hogar.

A lo largo de los años, las hermanas fundaron hospitales, escuelas, conventos, noviciados y otras instituciones. En su vida, la Madre Joseph fundó once hospitales, siete academias, cinco escuelas para niños indios nativos americanos y dos orfanatos en toda el área que hoy abarca los estados de Washington, Oregón, Idaho y Montana. La Madre Joseph fue en expediciones de recaudación de fondos para recaudar el dinero, porque su Orden en Canadá no podía financiar todos los proyectos que estaba construyendo. Y debido a que era una especie de arquitecta, la Madre Joseph insistió en inspeccionar cada edificio nuevo para asegurarse de que se construyera por seguridad. No se permitían "atajos" en lo que respecta a la Madre José.

Después de una vida larga y fructífera, la Madre Joseph murió de un tumor cerebral el 19 de enero de 1902 en Vancouver, Washington, en la Academia Providence, una de sus propias instituciones.

El estado de Washington, como cada uno de los 50 estados americanos, tiene 2 estatuas en el Salón de Estatuas del Capitolio de los Estados Unidos. Una de las estatuas de Washington es de la Madre José. Y debido a sus "contribuciones monumentales a la atención médica, la educación y los proyectos sociales en todo el noroeste", fue incluida en el *National Cowgirl Hall of Fame* en 1981.

29
Santa Katharine Drexel, S.B.S.
26 de noviembre de 1858 – 3 de marzo de 1955
Campeona de las Minorías

Aunque muchos misioneros son llamados a servir en tierras extranjeras, algunos son llamados a ser "misioneros locales", sirviendo en su propia tierra. Una mujer americana llamada Katharine Drexel fue una de esas misioneras.

Katharine nació el 26 de noviembre de 1858 en Filadelfia, Pensilvania.

Como rica heredera, Katharine tenía la mejor educación que el dinero podía comprar, y viajaba mucho. Dos experiencias en su vida temprana tuvieron un profundo impacto en ella.

Primero, vio a su madrastra morir de cáncer terminal. Se dio cuenta de que todo el dinero del mundo no podía comprar salud, felicidad y seguridad.

En segundo lugar, desarrolló una pasión por los Nativos Americanos. Se sintió especialmente conmovida por un libro de Helen Hunt Jackson llamado *Un siglo de deshonor* sobre la difícil situación de los indios americanos. Luego, en un viaje a los estados occidentales en 1884, Katharine fue testigo de las grandes necesidades de estas personas maltratadas, muchas de las cuales vivían en la pobreza.

Entonces, en un viaje a Italia en 1887, Catalina y su familia tuvieron una audiencia privada con el Papa León XIII. Cuando le preguntó al Papa si enviaría misioneros para ayudar a las misiones indias que ella había estado apoyando en el oeste de los Estados Unidos, el Papa la sorprendió diciendo: "¿Por qué no te conviertes en misionera?"

Y eso es exactamente lo que hizo Katharine. Fundó una orden religiosa de mujeres llamada las Hermanas del Santísimo Sacramento para los indios y de color. Ella sabía que, al igual que los Nativos Americanos, los Negros Americanos también eran víctimas de prejuicios y discriminación. Aunque ella y sus hermanas sufrieron malos tratos por parte del Ku Klux Klan y otras personas de odio, perseveraron.

Para 1943, la Madre Katharine había fundado escuelas católicas negras en 13 estados, además de 40 centros misioneros y 23 escuelas rurales. También estableció 50 misiones para Nativos Americanos en 16 estados.

La institución por la que es más famosa, sin embargo, es la Universidad Xavier en Nueva Orleans, la primera universidad católica en los Estados Unidos principalmente para negros.

Además de su enfoque en los indios y los negros, Katharine siempre estuvo dispuesta a dar dinero a otras causas dignas. Una de ellas fue la compra de un terreno para una iglesia católica en Wilmington, Carolina del Norte. Hoy, en el pedazo de tierra que Katharine Drexel compró, se encuentra la Basílica Santuario de Santa María. La parroquia, que siempre ha sido un faro de esperanza para los pobres y un hogar bienvenido para el inmigrante, continúa su mandato misionero en la costa de Cape Fear de Carolina del Norte y en las montañas de Honduras. Me enorgullece decir que fui el párroco de esa parroquia desde 2006 hasta 2018.

Katharine Drexel murió en 1955 y fue canonizada en 2000, convirtiéndose en la segunda santa nacida en los Estados Unidos. La fiesta de Sta. Katharine Drexel es el 3 de marzo.

30

Beata Leonella Sgorbati, M.C.

9 de diciembre de 1940 - 17 de septiembre de 2006

Enfermera-Partera, Educadora y Mártir

Rosa Maria Sgorbati nació el 9 de diciembre de 1940 en Gazzola, Piacenza, Italia, la mayor de tres hijos. En 1950, la familia se trasladó a Milán para que su padre encontrara trabajo, pero murió en julio de 1951.

Cuando tenía dieciséis años, Rosa fue llamada a convertirse en religiosa y trabajar en las misiones. Su madre, sin embargo, no lo aprobó, y le pidió que esperara hasta que cumpliera veinte años. Rosa siguió los deseos de su madre, y en mayo de 1963, se unió a las Hermanas de la Misión de la Consolata. Hizo su profesión perpetua de votos en noviembre de 1972 y tomó el nombre de Leonella.

La Hermana Leonella tomó cursos de enfermería en Inglaterra de 1966 a 1968, y luego fue a Kenia, África Oriental en septiembre de 1970. De 1970 a 1983, sirvió en el Hospital Consolata Mathari en Nyeri y en el Hospital Nazaret en Kiambu en las afueras de Nairobi como enfermera-partera.

A mediados de 1983, Hna. Leonella comenzó sus estudios avanzados de enfermería, y en 1985, se convirtió en la tutora principal de la escuela de enfermería afiliada al Hospital Nkubu en Meru. En noviembre de 1993, fue elegida superiora regional de su orden en Kenia, cargo que ocupó hasta 1999.

Durante un año sabático en 2000 y luego en 2001, pasó varios meses en Mogadiscio, Somalia, estudiando la posibilidad de iniciar una escuela de enfermería allí en un hospital administrado por la Aldea Infantil SOS. En 2002, abrió la Escuela Hermann Gmeiner de Enfermería Comunitaria Registrada y se hizo cargo de su operación. En 2002, las primeras 34 enfermeras se graduaron con certificados de la Organización Mundial de la Salud.

El 17 de septiembre de 2006, cuando La Hermana Leonella cruzaba una calle cerca del hospital en su camino a almorzar con otras hermanas, dos hombres armados salieron de un taxi, y le dispararon en la espalda tres o cuatro veces. También mataron a su guardia-conductor, padre de cuatro hijos.

Mientras yacía moribunda en una mesa de operaciones en el Hospital SOS, le susurró a otra hermana de su orden: "Perdono; Yo perdono; Yo perdono".

El 26 de mayo de 2018, el Papa Francisco beatificó a La Hermana Leonella. La Beata Leonella es patrona de enfermeras y misioneros, y su fiesta es el 17 de septiembre.

31
Santa Margarita Bourgeoys, C.N.D.
17 de abril de 1620 – 12 de enero de 1700
Madre de la Colonia

Margarita Bourgeoys nació en Troyes, Francia el 17 de abril de 1620. Después de que su madre murió, ayudó a administrar la casa y cuidar a sus hermanos menores. Cuando tenía veinte años, tuvo una profunda experiencia religiosa durante una procesión religiosa.

Margarita intentó unirse a las Clarisas y a las Carmelitas, pero ambas rechazaron su solicitud. Afortunadamente para Margarita, sin embargo, tenía un consejero sacerdote que le dijo que su rechazo a las órdenes de clausura era quizás una señal de que Dios quería que llevara una vida apostólica, una vida misionera, una vida dedicada a servir a Dios de manera "práctica".

Siguiendo este consejo, Margarita se dedicó a un grupo de mujeres locales que hacían obras de caridad para los niños pobres y los enfermos de su ciudad. Estas mujeres eran "externas" de un convento de monjas de clausura. Margarita aprendió, de esta experiencia, que había muchas obras apostólicas que la gente no podía hacer si estaban enclaustradas.

En 1653, el fundador de Montreal pasó por la ciudad de Troyes e invitó a Margarita a unirse a él en Ville Marie, que es como se llamaba Montreal entonces. Allí, ella sería una maestra laica instruyendo a los hijos de colonos e indígenas. Entonces, en 1653, comenzó el viaje de tres meses a Canadá.

En Canadá, Margarita enseñó a niños indígenas e hijos de colonos. Su primera casa de la escuela fue un establo de piedra que los líderes de la ciudad le dieron para ese propósito. No solo enseñó conceptos básicos como leer y escribir, sino que enseñó a los niños religión, valores y habilidades prácticas como la economía doméstica. También fue una defensora de la educación para todos los niños. Prestó especial atención a las niñas, los pobres y los pueblos indígenas.

Margarita no se limitó a enseñar en escuelas formales. Más bien, enseñó formación en la fe en su parroquia y ayudó a las familias a aprender las habilidades necesarias para administrar hogares en el desierto. También se desempeñó como tutora oficial de las niñas huérfanas que le envió el gobierno. Debido a todo su trabajo en el Nuevo Mundo, la gente comenzó a llamarla "la Madre de la Colonia".

Margarita sabía, sin embargo, que no podía hacer todo el trabajo que tenía que hacer ella misma. Por lo tanto, hizo algunos viajes de regreso a Francia para reclutar a otras mujeres que la ayudaran a hacer el trabajo misionero en Canadá.

Eventualmente, este grupo de mujeres se formalizó como una congregación religiosa: la Congregación de Notre Dame. Aunque el obispo local intentó que Margarita incorporara a su congregación a una comunidad de clausura, ella se negó. Ella sabía que los grupos de clausura no podían hacer el trabajo apostólico de la Iglesia. Debido a que ella se mantuvo firme, su Orden floreció y la Iglesia creció. Hoy en día, la colonia, conocida como la Provincia de Quebec, es uno de los lugares más católicos del mundo.

En 1698, la Iglesia Católica aprobó la Congregación de Notre Dame, y las Hermanas hicieron sus votos como religiosas no enclaustradas. Esta Congregación tiene el honor de ser la primera comunidad misionera extranjera no enclaustrada de la Iglesia para mujeres. Hoy en día, la Orden sirve en muchas naciones de Asia, América y África.

Margarita murió en Montreal el 12 de enero de 1700. El Papa San Juan Pablo II la canonizó el 31 de octubre de 1982 como la primera santa canadiense. Es patrona de las personas rechazadas por las órdenes religiosas, de las personas pobres y las que luchan contra la pobreza, y de las personas que han perdido a sus padres. Su fiesta es el 12 de enero.

32
Santa María Elizabeth Hasselblad, O.Ss.S.
4 de junio de 1870 - 24 de abril de 1957
La segunda Brígida

María Elizabeth (Isabel) Hesselblad fue una mujer misionera que vivió la vida al máximo.

María, que se hacía llamar Elizabeth, nació el 4 de junio de 1870 en Suecia, la quinta de 13 hijos, y fue bautizada en la Iglesia Luterana de Suecia.

En 1888, Elizabeth emigró a los Estados Unidos de América, donde estudió enfermería en el Hospital Roosevelt de la ciudad de Nueva York. Después de graduarse, hizo enfermería de salud en el hogar, lo que la puso en contacto con muchos cristianos católicos pobres. Impresionada con la espiritualidad católica, se convirtió al catolicismo en 1902. Su hermano, Thur, más tarde la siguió a la Iglesia Católica.

Después de su entrada en el catolicismo, Elizabeth decidió que Dios quería que ella le sirviera como hermana religiosa. Primero, trató de convertirse en carmelita, pero se enfermó tanto que todos pensaron que iba a morir y tuvieron que irse.

Después de su experiencia en el Carmelo, llegó a conocer la historia de Santa Brígida de Suecia. Así, en 1906, recibió permiso del Papa San Pío X para tratar de revivir la Orden Brígida que había florecido antes de la Reforma Protestante. Sus primeros intentos fueron infructuosos. Entonces, decidió que las Brígidas, una vez una Orden contemplativa, tendrían que ser socialmente activas. Por lo tanto, decidió que cuidar a los enfermos y trabajar por la unidad de los cristianos serían tareas apropiadas para sus hermanas. Eso funcionó, y pronto, otros se unieron a ella para establecer esta nueva Orden. Con el tiempo, las Brígidas (O.Ss.S.) comenzó a servir en otras naciones, cuidando a los enfermos y pobres.

Elizabeth también jugó un papel decisivo en salvar las vidas de muchos judíos durante el Holocausto en la Segunda Guerra Mundial al esconder sesenta de ellos dentro de su convento. Como resultado de sus esfuerzos, el Estado de Israel la nombró "Justa entre las Naciones".

Hna. Isabel murió en Roma el 24 de abril de 1957 y fue canonizada en 2016 por el Papa Francisco.

La fiesta de Santa Isabel Hesselblad es el 4 de junio. Ella es una santa patrona de las hermanas Bridgettine y enfermeras.

33
Santa María Catalina Kasper, P.H.J.C.
26 de mayo de 1820 - 2 de febrero de 1898
Una verdadera Siervo-Líder

Una mujer misionera que vivió su vida siguiendo el modelo de liderazgo de la líder sierva de Jesús fue María Katharina Kasper.

María nació el 26 de mayo de 1820 en el centro de Alemania. María Katharina era una niña feliz pero con problemas de salud que la mantenían alejada de la escuela la mayor parte del tiempo. Ella usó este tiempo para leer y aprendió a tejer. Le encantaba especialmente leer la Biblia y *La imitación de Cristo de* Thomas à Kempis. Incluso ganó dinero extra rompiendo piedras para la construcción de carreteras.

Cuando su padre murió, dejó toda la fortuna familiar a los hijos de su primer matrimonio, los medio hermanos de María Catalina. Esto dejó a María, su madre y sus hermanos muy pobres.

María Catalina se sintió llamada a la vida religiosa, pero debido a la pobreza de su familia, se sintió obligada a quedarse y ayudarlos.

Cuando su madre murió, María Catalina decidió que era hora de seguir su llamado a la vida religiosa. Con la aprobación del obispo de Limburgo, Alemania, comenzó una comunidad con tres amigas. Se convirtieron en una asociación formal en 1845, y el 15 de agosto de 1851, se establecieron como las Siervas Pobres de Jesucristo, dedicándose a servir a los pobres. María, conocida como Madre María Catalina, sirvió cinco términos consecutivos como superiora de la Orden. El Papa León XIII aprobó formalmente la Orden el 21 de mayo de 1890.

La Madre María Catalina y las otras hermanas sirvieron a los pobres a través de la educación y la enfermería. A medida que su número aumentó, la Orden se expandió a otras áreas de Alemania, los Países Bajos, México e India.

Después de la Guerra Civil en los Estados Unidos, el obispo de Fort Wayne, Indiana, solicitó que la Madre María Catalina enviara Hermanas a su diócesis para servir a los inmigrantes alemanes allí. Entonces, el 14 de agosto de 1868, ocho Siervas Pobres de Jesús salieron de Europa, y diez días después, llegaron a la ciudad de Nueva York y se dirigieron a Fort Wayne.

Pronto, las Hermanas estaban sirviendo a la iglesia local dirigiendo la escuela local y cuidando a los enfermos. Un año más tarde, establecieron su primer hospital en los Estados Unidos: el Hospital St. Joseph en Fort Wayne, Indiana.

La Madre María Catalina murió el 2 de febrero de 1898, y el Papa Francisco la canonizó el 14 de octubre de 2018. La fiesta de Santa María Catalina es el 2 de febrero..

34

Beata María Troncatti, F.M.A.

16 de febrero de 1883 - 25 de agosto de 1969

Una enfermera misionera de la Amazonía

María Troncatti nació el 16 de febrero de 1883 en Corteno Golgi, Brescia, Italia, en una familia pobre de agricultores. Aunque quería convertirse en una hermana religiosa desde una edad temprana, su sacerdote le aconsejó que esperara hasta que fuera una joven adulta. Ella siguió su consejo.

En 1905, cuando tenía alrededor de 22 años, María se unió a las Hermanas Salesianas de Don Bosco (F.M.A.). En 1909, Hna. María continuó con una infección grave, y más tarde tifoidea. El Beato Miguel Rua, a menudo llamado el "Segundo Padre de la Orden Salesiana", visitó a María en su enfermedad y la ungió.

La Hermana María se recuperó, y en 1915 aprobó un curso especial de enfermería. Durante la Primera Guerra Mundial (1914-1918), la Hermana María atendió a soldados heridos en el hospital militar como enfermera de la Cruz Roja. Las experiencias que obtuvo allí demostrarían ser invaluables para su vida futura como hermana misionera en América del Sur.

El 9 de noviembre de 1922, la Hermana María fue enviada como misionera para trabajar con la tribu Shuar en la selva amazónica de Ecuador.

De inmediato, la Hermana María se metió en problemas cuando la hija del jefe tribal recibió un disparo en el fuego cruzado entre dos tribus en guerra. El jefe le dijo a la Hermana María que si no salvaba la vida de su hija, mataría a María. La Hermana María operó a la niña, y la niña se recuperó. Los nativos estaban muy impresionados, y eso abrió el camino para que la hermana María llevara la fe cristiana católica a la gente.

De 1922 a 1969, La Hermana María Troncatti sirvió al pueblo como catequista. También desempeñó los roles de cirujana, anestesista, dentista, ortopedista y, por supuesto, enfermera durante muchos años.

Como resultado de su trabajo, muchas personas fueron bautizadas y practicaron fielmente su fe.

El 25 de agosto de 1969, la Hermana María abordó un avión con otras dos hermanas para volar a Quito para su retiro anual. Trágicamente, el avión se estrelló. La Hermana María murió en el accidente, aunque las otras dos hermanas sobrevivieron.

La Hermana María fue beatificada el 24 de noviembre de 2012 en Macas, Ecuador. La fiesta de la Beata María Troncatti es el 25 de agosto. Ella es una de las santas patronas de enfermeras y misioneros.

35
Madre Marie Louise de Meester, I.C.M.
8 de abril de 1857 - 10 de octubre de 1928
Una Pionera Misionera

Marie Louise de Meester fue una pionera misionera belga cuyo trabajo de vida vive a través del trabajo misionero de sus seguidores en todo el mundo.

Marie Louise nació el 8 de abril de 1857 en Heverlee, Bélgica. Cuando era adolescente, estudió para convertirse en maestra. Como maestra, era muy competente y amable con sus alumnos.

Pero, aunque Marie Louise era una buena maestra, tenía el deseo de servir a los pobres. Entonces, dejó la enseñanza y, en 1881, se unió a las Canónigas Regulares de Ypres, Bélgica.

En algún momento durante la década de 1880, su comunidad recibió una solicitud de un sacerdote en la India con la esperanza de que algunas hermanas pudieran venir y ayudar a administrar un orfanato. Marie Louise estaba encantada con la posibilidad de convertirse en misionera, por lo que inmediatamente se ofreció como voluntaria y se le concedió el permiso.

La Hermana Marie Louise y una novicia zarparon hacia la India. Cuando llegaron, descubrieron que el sacerdote que los había invitado había muerto, y el obispo local no apoyaba su trabajo. Ignorando estas dificultades, La Hermana Marie Louise y la novicia se hicieron cargo del orfanato. Pronto, reclutaron mujeres locales para ayudarlas, y este grupo formó el núcleo de una nueva comunidad religiosa. En poco tiempo, sin embargo, La Hermana Marie Louise se dio cuenta de que este grupo en la India tendría que romper los lazos con su Orden en Bélgica, ya que, si no lo hacían, los nuevos miembros de la comunidad tendrían que viajar a Bélgica para su programa de formación.

Así, en 1897, Marie Louise fundó una nueva Orden inicialmente llamada Canónigos Misioneros de San Agustín. Marie Louise, ahora conocida como Madre Marie Louise como superiora general, y sus hermanas pronto establecieron escuelas y misiones en la India.

La Madre María Louise fue a Filipinas con tres compañeras en 1910 a petición de la Congregación del Inmaculado Corazón de María, también conocida como los Padres Scheut. Primero, abrieron la Escuela de San Agustín en el sótano de su convento con 225 estudiantes. Al final del mes, tenían 300, y con el tiempo, la congregación tenía escuelas y colegios en todo Filipinas.

La Madre Marie Louise de Meester murió el 10 de octubre de 1928 a la edad de 71 años.

En 1963, su congregación se asoció con los Padres Scheut y se convirtió en las Hermanas Misioneras del Inmaculado Corazón de María (I.C.M.).

Hoy en día, las Hermanas Misioneras están sirviendo en Asia, África, América Central, Europa y América del Norte.

36
Santa María de la Encarnación, O.S.U.
28 de octubre de 1599 - 30 de abril de 1672
Inflamados por el Espíritu Apostólico

Marie Guyart fue esposa, madre, viuda, religiosa y misionera.

Marie nació en Tours, Francia, el 28 de octubre de 1599. Cuando tenía 17 años, se casó con Claude Martin, un fabricante de seda, en obediencia a sus padres. Juntos, la pareja tuvo un hijo. Sin embargo, cuando el hijo tenía solo 6 meses de edad, Claude murió.

Cuando Marie ya no estaba casada, comenzó a pensar en convertirse en una hermana religiosa. Sin embargo, tuvo que poner esa idea en espera para criar a su hijo.

Sin embargo, cuando el niño tenía 12 años, Marie hizo arreglos para su cuidado con una comunidad de religiosas. Luego, se unió a las Hermanas Ursulinas, que habían llegado recientemente a Francia. En la vida religiosa, María tomó el nombre de María de la Encarnación.

Cuando tenía 34 años, María sintió un intenso llamado a ser misionera. Con la aprobación de su confesor y su comunidad, La Hermana María de la Encarnación zarpó hacia las Américas el 3 de abril de 1639. Después de un viaje de 3 meses, el grupo llegó a Quebec, Canadá. Los colonos recibieron con gran alegría la llegada de esta nueva comunidad.

La Hermana María era la superiora de este grupo de Hermanas Ursulinas, y se puso a trabajar inmediatamente. Como todos los nuevos misioneros, tuvo que aprender el idioma del pueblo. Obviamente sabíaun nuevo francés, pero no conocía las lenguas aborígenes. También se dedicó a construir un monasterio para la comunidad. Desafortunadamente, el monasterio se incendió dos veces, solo para ser reconstruido dos veces.

La Hermana María y su comunidad tenían problemas con la nación iroquesa, pero no dejaron que eso los deprimiera. Enseñóla fe a los colonos y a los indígenas, escribió literatura, visitó a los enfermos e hizo todas las otras cosas que los misioneros han hecho en los más de 2.000 años del cristianismo católico.

La Hermana María de la Encarnación pasó 33 años de su vida sirviendo al pueblo de Canadá. Murió en la ciudad de Quebec el 30 de abril de 1672. El Papa Francisco la canonizó en 2014. La fiesta de Santa María de la Encarnación es el 30 de abril.

Para leer más sobre esta hermana misionera, echa un vistazo a *Vestida en la Palabra de Dios: Santos, beatos y venerables canadienses,* por Remi y Pierre Guenette Bourdon.

37
Beata María de la Pasión, F.M.M.
21 de mayo de 1839 - 15 de noviembre de 1904
Fundadora de las Franciscanas Misioneras de María

La Madre María de la Pasión fue una fundadora religiosa que nunca se rindió a pesar de los increíbles obstáculos que enfrentó en la vida.

Helene-Marie-Philippine de Chappotin nació el 21 de mayo de 1839 en Nantes, Francia. Cuando era adolescente, la muerte de dos hermanas y un primo la conmovió profundamente. En abril de 1856, decidió dedicar su vida a Dios.

En enero de 1861, Helene se unió a la orden de la Clarisa, pero tuvo que irse debido a una enfermedad. En la primavera de 1864, recuperada de la enfermedad, se unió a las recién fundadas Hermanas de María Reparadora. En agosto de ese año, recibió el hábito y tomó el nombre de María de la Pasión. Antes de que terminara su noviciado, fue asignada a la India.

Debido a sus muchos talentos, se le asignaron tareas administrativas y fue conocida como la Madre María de la Pasión. Desafortunadamente, el conflicto interno en la comunidad le impidió continuar de buena fe. Entonces, la Madre María, junto con otras hermanas, dejó la orden, y buscó la aprobación para fundar una nueva comunidad religiosa dedicada exclusivamente al trabajo misionero. El 6 de enero de 1877, el Papa Pío IX dio su aprobación, y el grupo tomó el nombre de Misioneros de María. La Madre María de la Pasión fue nombrada Superiora.

Eventualmente, la orden se conoció como los Misioneros Franciscanos de María (FMM), el nombre que la orden tiene hoy. Desafortunadamente, hubo más drama involucrado dentro de esta orden, y la Madre María de la Pasión fue destituida de su cargo. A otras hermanas se les dijo que no se comunicaran con ella.

Afortunadamente, el Papa León XIII la absolvió de todos los cargos en su contra, y en julio de 1884, la Madre María fue elegida Superiora General, y sirvió en esta capacidad hasta su muerte el 15 de noviembre de 1904. Además de todos los problemas personales que sufrió como resultado del conflicto dentro de la vida religiosa, también se vio profundamente afectada por el martirio de siete miembros de su orden en Taiyuan-fou, China en 1900. (Los mártires fueron canonizados en 2000). Hoy en día, las Franciscanas Misioneras de María sirven en muchas naciones del mundo.

El Papa San Juan Pablo II beatificó a la Madre María de la Pasión el 20 de octubre de 2002. Su fiesta es el 15 de noviembre.

38
Siervo de Dios Nicolás Alce Negro
1 de diciembre de 1863 – 19 de agosto de 1950
Un Misionero Sioux Oglala

Nicolás Alce Negro (Nicholas Black Elk) fue un misionero Nativo Americano del siglo XX. Black Elk nació en Little Powder River, Wyoming, antes de que Wyoming fuera un estado. Era de los sioux oglala.

Cuando tenía 9 años, Alce Negro tuvo la visión de que toda la creación era una unidad. Cuando creció, le dijo a un poeta de Nebraska, John G. Neihardt, sobre su visión. John escribió sobre la visión de Alce Negro en el libro, *Black Elk Speaks*. Con el tiempo, Alce Negro se hizo muy famoso debido al libro. Y a diferencia de otros sioux famosos como Red Cloud (Nube Roja), Crazy Horse (Caballo Loco) y Sitting Bull (Toro Sentado), que se hicieron famosos debido a sus actividades de guerra, Alce Negro alcanzó fama como resultado de su reputación como "hombre santo" de su pueblo.

Alce Negro llevó una vida increíblemente interesante incluso cuando era niño. Por ejemplo, cuando tenía 10 años, estuvo en la batalla de Little Big Horn, y a los 20 años, estuvo en la masacre de Wounded Knee. Además, Alce Negro formó parte del *Wild West Show de Buffalo Bill* y realizó giras por toda Europa.

Como adulto joven, Alce Negro se casó. Pero después de que su primera esposa murió en 1903, se convirtió en un cristiano católico y tomó el nombre de Nicolás como su nombre bautismal. Como misionero doméstico de su propio pueblo, Nicolás bautizó a cientos de otros sioux, enseñó la Biblia, predicó sermones, y fue un modelo de justicia en su comunidad.

Nicolás Alce Negro murió el 19 de agosto de 1950 en la reserva de Pine Ridge en Dakota del Sur.

En octubre de 2017, Nicolás Alce Negro fue nombrado Siervo de Dios de la Iglesia Católica, el primer paso en el camino hacia la canonización.

39
San Pedro Claver, S.J.
26 de junio de 1581 – 7 u 8 de septiembre de 1654
Apóstol de Cartagena

Pedro Claver nació el 26 de junio de 1581 en el pueblo Español de Verdú en el seno de una próspera familia de agricultores.

De joven, estudió en la Universidad de Barcelona, dirigida por los Jesuitas. En 1601, entró en la Compañía de Jesús (Jesuitas) e hizo los primeros votos el 7 de agosto de 1602. En sus estudios posteriores en Mallorca, Pedro entró en contacto con un hombre que influiría enormemente en el resto de su vida: el portero de la universidad, San Alfonso Rodríguez. Fue Alfonso quien inspiró a Pedro a convertirse en misionero en el Nuevo Mundo.

En abril de 1610, después de terminar sus estudios teológicos en Barcelona, los Jesuitas eligieron a Pedro para representar a la provincia Jesuita de Aragón en un grupo de Jesuitas que se dirigía a lo que entonces se llamaba "Nueva Granada", hoy conocida como las naciones de Colombia y Panamá.

En abril de 1610, Pedro dejó España para el Nuevo Mundo, para nunca regresar. Aterrizó en Cartagena, Colombia. De allí, se fue a Bogotá para terminar sus estudios teológicos. En esa casa, trabajó como sacristán, portero, enfermero y cocinero. Después de terminar su programa de formación en Tunja, Pedro regresó a Cartagena en 1615 y fue ordenado sacerdote allí el 19 de marzo de 1616.

Como sacerdote recién ordenado, el P. Pedro comenzó el trabajo de su vida: servir a los africanos esclavizados que estaban siendo llevados a Cartagena, un importante centro de esclavos en ese momento. Pedro estaba horrorizado por la forma inhumana en que se trataba a las personas esclavizadas, y estaba tan decidido a dedicar toda su vida a mejorar sus vidas, que tomó un voto religioso informal: ser el "esclavo de los africanos".

Afortunadamente para el P. Pedro, primero sirvió bajo la guía del jesuita P. Alfonso de Sandoval. El P. Alfonso había trabajado con los africanos esclavizados durante más de 40 años, y había producido no sólo escritos prácticos sobre cómo ayudar a los africanos, sino también mucha investigación etnográfica antropológica sociológica y cultural académica.

Durante los siguientes 40 años, el P. Pedro se entregó incansablemente al cuidado de las personas esclavizadas. Desde su ventana en la rectoría, podía ver llegar nuevos barcos. Cada vez que veía un nuevo barco en el puerto, salía corriendo de su casa para encontrarse con el barco. Allí, haría todo lo posible para reducir los temores de los africanos aterrorizados y para alimentar las enfermedades.

El P. Pedro, aunque su enfoque principal era cuidar a los esclavos, también brindó atención pastoral a los miembros de la tripulación de los barcos, propietarios de esclavos, prisioneros y otros. Pedro también trabajó como enfermero en los dos hospitales de Cartagena. Uno de los hospitales era San Sebastián, un hospital general dirigido por los Hermanos de San Juan de Dios; el otro era el Hospital de San Lázaro para leprosos y aquellos que sufrían de fuego de San Antonio (erisipela).

Pedro también dedicaba todas las horas a predicar en las calles de Cartagena. Es fácil ver por qué muchos comenzaron a llamar al P. Pedro "el Apóstol de Cartagena".

En sus cuarenta años de ministerio, instruyó y bautizó a más de 300,000 personas.

En 1650, cuando tenía unos 70 años, Pedro fue a predicar a los africanos esclavizadosas lo largo de la costa. Pronto, sin embargo, enfermó y tuvo que regresar a Cartagena. Fue el primero de los Jesuitas en contraer la plaga que estaba haciendo estragos en la zona, y casi muere.

Durante los siguientes cuatro años, el P. Pedro estuvo básicamente confinado en su habitación. Desafortunadamente, la persona asignada para cuidarlo básicamente lo descuidó durante estos cuatro años. El P. Pedro, sin embargo, nunca se quejó de su falta de cuidado.

En 1654, el P. Diego Ramírez-Farina llegó de España para continuar su trabajo. El P. Pedro estaba tan emocionado al escuchar la noticia de que su trabajo amoroso continuaría entre los africanos esclavizados, que se arrastró fuera de la cama para saludar a su sucesor.

El P. Pedro murió el 7 u 8 de septiembre de 1654. Aunque las autoridades civiles y religiosas de su tiempo a menudo criticaban su trabajo entre los africanos como "entusiasmo desplazado", competían entre sí para darle honores después de su muerte. Pedro fue enterrado con una gran ceremonia, y los africanos y los indígenas ofrecieron una segunda misa en su honor.

Las historias de la increíble vida del P. Pedro se extendieron por todo el mundo. El 15 de enero de 1888, el Papa León XIII canonizó a Pedro junto con su mentor, Alfonso Rodríguez.

La fiesta de San Pedro Claver es el 9 de septiembre. Es un santo patrón de todas las actividades misioneras entre los pueblos de piel negra.

40
Beato Pedro Donders, C.Ss.R.
27 de octubre de 1809 - 14 de enero de 1887
El Sacerdote Leproso de Surinam

Pedro Donders fue un holandés que lo dio todo para servir en las misiones de América del Sur.

Pedro nació en Tilburg, Holanda el 27 de octubre de 1809 en una pareja pobre. Debido a la pobreza de la familia, Pedro y su hermano Martin tuvieron que abandonar la escuela a una edad temprana para ayudar a mantener a la familia.

Pedro quería ser sacerdote, pero no tenía dinero para el seminario, por lo que su párroco convenció a los funcionarios del seminario menor para que lo aceptaran como sirviente y lo dejaran estudiar en su tiempo libre. Los funcionarios estuvieron de acuerdo, y Pedro fue a trabajar como sirviente y, al margen, seminarista.

Cuando tenía 26 años, Pedro estaba listo para entrar en el seminario mayor. Sus asesores lo convencieron de postularse a una orden religiosa, tal vez para que una orden pudiera pagar su matrícula. Entonces, Pedro se dirigió a los Jesuitas, Redentoristas y Franciscanos, pero todas estas órdenes rechazaron su admisión.

Un benefactor hizo posible que Pedro asistiera al seminario, y Pedro fue ordenado sacerdote diocesano en 1841.

Al año siguiente, decidió ser misionero extranjero en Surinam que entonces era una colonia holandesa en América del Sur y el país más pequeño del continente.

El P. Pedro iba a pasar el resto de su vida sirviendo a la gente en esta parte del mundo. De 1842 a 1866, sirvió como sacerdote diocesano, y desde 1866 hasta su muerte en 1887 sirvió como sacerdote redentorista.

En los primeros 14 años en Surinam, el P. Pedro hizo ministerio parroquial en la ciudad capital de Paramaribo. Esto implicaba los deberes habituales de un párroco: celebrar misa, visitar a los enfermos, administrar los sacramentos, aconsejar, escribir, hacer funerales y enterrar a los muertos, y una serie de otros deberes.

En 1856, el P. Pedro se ofreció como voluntario para ir a la colonia de leprosos de Batavia en Surinam. Allí, pasó su tiempo cuidando a los leprosos y enseñando a la gente sobre su fe. Eventualmente, pudo persuadir a las autoridades para que enviaran más enfermeras para ayudarlo en su trabajo y mejorar las pésimas condiciones en las que vivían los leprosos.

En 1865, el Vaticano puso a la Iglesia Católica en Surinam bajo el cuidado de la Orden Redentorista. Al año siguiente, los Padres Redentoristas aceptaron al P. Pedro y a otro sacerdote como novicios en la Orden. En junio de 1867, cuando habían terminado su año de noviciado, los dos hombres se convirtieron en sacerdotes redentoristas.

Pronto, el P. Pedro estaba de vuelta con los leprosos que tanto amaba. Esta vez, sin embargo, había otro sacerdote para ayudar. Ahora que tenía ayuda sacerdotal, decidió llevar la fe a las tribus indígenas (caribes, arrowaks y warros) y a los africanos que viven en los bosques después de huir de la esclavitud.

Los viajes misioneros del P. Pedro a los pueblos indígenas y africanos eran a menudo muy peligrosos, pero esto nunca detuvo al P. Pedro de su ministerio. El P. Pedro pasó el resto de su vida cuidando a los leprosos y a los indígenas, tomando solo un breve descanso en Batavia.

El P. Pedro murió el 14 de enero de 1887 y fue enterrado en el cementerio de leprosos.

El Papa San Juan Pablo II beatificó al P. Pedro el 23 de mayo de 1982. La fiesta del Beato Pedro Donders es el 14 de enero.

41
Venerable Pierre Toussaint
1766 – 30 de junio de 1853
El Misionero Peluquero

Cuando la mayoría de la gente piensa en misioneros católicos, por lo general no se encuentran en una peluquería de la ciudad de Nueva York. El héroe misionero de hoy, sin embargo, era un hombre haitiano que era exactamente eso. Su nombre era Pierre Toussaint.

Pierre nació en la esclavitud en Haití en 1766 en una plantación propiedad del Sr. Jean Berard. Desde que era un niño pequeño, Pierre se destacó por su inteligencia y disposición alegre. Su abuela le enseñó a leer y escribir, y el Sr. Berard, quien notó el brillo de Pierre, le permitió usar su extensa biblioteca para leer y estudiar. Los Bérards amaban tanto a Pierre, que básicamente lo trataban como a un hijo.

Temiendo que una insurrección llegara a Haití, los Bérards se mudaron a la ciudad de Nueva York en 1787. Pierre tenía 21 años en ese momento.

Los Berards no querían que los talentos de Pierre se desperdiciaran, por lo que lo aprendieron de un peluquero profesional. Pierre aprendió a ser peluquero y sobresalió en ello. Pronto, las mujeres más ricas de Nueva York acudieron a él para que se peinara. Pierre, un joven muy prudente, ahorró su dinero cuidadosamente, y pronto, pudo comprar la libertad para su hermana. A la muerte de los Bérards, él mismo quedó libre cuando tenía cuarenta y un años.

Aunque Pierre ganó mucho dinero y podría haberse vuelto bastante rico, se destacó por regalar gran parte de su dinero a los pobres y a organizaciones benéficas que servían a los pobres. Pero Pierre fue generoso no solo con su dinero, sino también con su tiempo. Debido a que era una figura tan querida en la ciudad, muchas familias líderes de Nueva York lo buscaron para ser su confidente. Muchos lo llamaban "Nuestro San Pierre".

Cada día, Pierre fortalecía su vida espiritual con la misa. Desde esta fundación, se involucró en sus increíbles proyectos. Por ejemplo, comenzó un orfanato para niños negros, y luego, una escuela para ellos. Obtuvo empleo para viudas francesas y obtuvo la libertad para muchas personas esclavizadas en Nueva York. Él y su esposa adoptaron a su sobrina cuando su hermana murió y, en la ironía final, anónimamente dio dinero a familias aristocráticas que perdieron sus fortunas.

Una de las cosas por las que Pierre es conocido son las tareas que le dio a su pequeña sobrina a quien adoptó. Le pidió que le escribiera cartas en inglés y francés regularmente. Estas cartas, en las que describió la ciudad de Nueva York a través de sus ojos jóvenes, están en una biblioteca pública hoy. Son notables, porque muestran la ciudad de Nueva York a través de los ojos de una niña a principios de 1800.

Pierre murió a la edad de ochenta y siete años. Personas de toda la ciudad de Nueva York llenaron la iglesia para el funeral de Pierre.

En 1990, el cardenal O'Connor de Nueva York hizo exhumar el cuerpo de Pierre de un cementerio de Mott Street, y volver a enterrarlo en la cripta debajo del altar de la Catedral de San Patricio en la Quinta Avenida, una de las iglesias más famosas del mundo. En 1996, el Papa Juan Pablo II declaró a Pierre Toussaint "Venerable".

Aunque Pierre Tössaint, peluquero de los ricos, podría haber llevado un estilo de vida muy lujoso, el mundo material nunca capturó su corazón. Por el contrario, usó sus riquezas para servir a Dios sirviendo a los demás. También mostró al mundo que la santidad es para todos; No depende de la ocupación de uno o de las circunstancias de su nacimiento.

Hay muchos libros disponibles sobre la vida del Venerable Pierre, como *Pierre Toussaint: A Biography* por Arthur Jones, y *Pierre Toussaint: Apostle of Old New York* por Ellen Tarry.

42

Hermana Ruth Pfau

9 de septiembre de 1929 – 10 de agosto de 2017

La Madre Teresa de Pakistán

Ruth Pfau era una médica y religiosa que dedicó sus habilidades a los campos misioneros de Pakistán.

Ruth nació en Leipzig, Alemania, el 9 de septiembre de 1929 de padres luteranos. Tenía cuatro hermanas y un hermano. Durante la Segunda Guerra Mundial, las bombas destruyeron su casa. Después de que la Unión Soviética tomó el control de Alemania Oriental después de la guerra, la familia de Ruth escapó a Alemania Occidental.

En la década de 1950, Ruth estudió medicina en la Universidad de Maguncia y se convirtió en médico. Aunque Ruth había sido bautizada como protestante evangélica, en 1953 se convirtió en cristiana católica después de ser influenciada por los escritos de tres eruditos católicos: Santo Tomás de Aquino, el Siervo de Dios Romano Guardini (autor de *El Señor*) y Josef Pieper (sociólogo y filósofo).

En 1957, Ruth se unió a una congregación religiosa de mujeres llamada las Hijas del Corazón de María en París, Francia.

En 1960, su Orden envió a la Hermana Ruth a trabajar en el sur de la India. Sin embargo, en su viaje a la India, quedó varada en Pakistán debido a un problema con su pasaporte. Por casualidad, visitó una colonia de leprosos en Karachi, la capital de Pakistán. Allí, la Hermana Ruth conoció a miles de leprosos paquistaníes.

Cuando Ruth tenía unos 30 años, una joven leprosa que tenía más o menos su misma edad tocó su corazón y su espíritu de una manera muy especial. El joven se arrastraba sobre sus manos y pies hacia el dispensario, actuando como si esto fuera completamente normal. Ruth no podía imaginar que los seres humanos pudieran vivir en tales condiciones, arrastrándose por el suelo como un perro.

Las vistas y el sufrimiento que la hermana Ruth vio en Karachi cambiaron la dirección de su vida. En ese mismo momento, la hermana Ruth decidió quedarse en Pakistán y servir a los leprosos. Se quedó durante los siguientes 57 años.

Ruth se unió al Centro de Lepra Marie Adelaide que se inauguró en 1956 en los barrios marginales de Karachi y lleva el nombre de la fundadora de las hermanas católicas que lo dirigían. Pronto, el Centro se convirtió en el centro de 157 instalaciones médicas que trataron a decenas de miles de leprosos paquistaníes.

Después de que los científicos descubrieron un tratamiento eficaz para la lepra, conocida como enfermedad de Hansen, la Hermana Ruth y otros médicos comenzaron a ampliar sus horizontes. Trataron a pacientes con tuberculosis, ceguera y otras afecciones médicas causadas por minas terrestres en Afganistán devastado por la guerra. Cuando la Hermana Ruth Pfau vio un problema médico, supo que podía usar sus habilidades para ayudar a resolverlo.

Durante su tiempo sirviendo a los leprosos de Pakistán, la Hermana Ruth escribió libros sobre sus experiencias.

Ruth, la jubilación era un concepto extraño. Ella escribió: "No uso la palabra 'jubilación'. Suena como si hubieras completado todo, como si la vida hubiera terminado y el mundo estuviera en orden". Ruth murió pacíficamente el 10 de agosto de 2017 en Karachi. El gobierno de Pakistán le dio un funeral de Estado, el primero para una persona no musulmana en su historia.

Ruth recibió muchos honores en su vida, llegando a ser conocida como la "Madre Teresa de Pakistán", respetada tanto por musulmanes como por cristianos. El gobierno de Pakistán cambió el nombre del Hospital Civil de Karachi por el Hospital Dr. Ruth Pfau para reconocer los "servicios desinteresados del difunto funcionario social".

43
Venerable Samuel Mazzuchelli, O.P.
4 de noviembre de 1806 - 23 de febrero de 1864
Llevó la fe a Illinois, Iowa y Wisconsin

Carlo Gaetano Samuele Mazzuchelli, conocido como Samuel, dejó una profunda huella en la Iglesia Católica en los Estados Unidos. De hecho, su lista de logros sería más apropiada para todo un equipo de trabajadores que la de una sola persona.

Samuel nació el 4 de noviembre de 1806 en Milán, Italia, el decimosexto de varios hijos de una familia prominente. Cuando tenía 17 años, entró en la orden dominicana y tomó el nombre de Samuel. Después de su año de noviciado, fue a Roma para estudiar para el sacerdocio, y luego a Francia para perfeccionar su francés.

En 1828, antes de ser ordenado sacerdote, dejó Europa para los Estados Unidos de América para convertirse en misionero, y fue recibido por el obispo de Cincinnati Edward Fenwick, un compañero dominico.

Debido a que aún no tenía 24 años, Samuel tuvo que recibir un permiso especial para ser ordenado sacerdote. Después de obtener eso, el obispo Fenwick ordenó a Samuel el 5 de septiembre de 1830 y lo envió a servir en Mackinac Island, Michigan y luego, más tarde, en el norte de Wisconsin. El P. Samuel se hizo conocido como un sacerdote amable y gentil que amaba romper las barreras culturales entre las personas.

El P. Samuel llevó el cristianismo católico a la gente de Iowa, Michigan y Wisconsin, fundando parroquias, escuelas, comunidades religiosas y ayudando a construir instituciones seculares. Solo en la Diócesis de Madison, Wisconsin, por ejemplo, fundó 30 parroquias y construyó 20 edificios de iglesias y varios edificios cívicos. Fundó las Hermanas Dominicas Sinsinawa en 1847 y, un año más tarde, fundó Sinsinawa Mound College y St. Clara Female Academy (ahora Universidad Dominicana en River Forest, Illinois).

Curiosamente, fueron las Hermanas Dominicas Sinsinawa quienes ayudaron a la Madre Mary Joseph Rogers a organizar las Hermanas Misioneras Maryknoll cuando se estaba formando en 1912. La Madre Mother Joseph aparece en un artículo en *Héroes Misioneros Católicos – Volumen 1*.

El P. Samuel murió el 23 de febrero de 1864 de una enfermedad que contrajo de un feligrés. Está enterrado en el cementerio de St. Patrick en Benton, Wisconsin. El Papa San Juan Pablo II lo declaró "Venerable" en 1993.

44
Hermana Sheila Corcoran, O.P.
3 de marzo de 1928 - 18 de julio de 2000
Un maestro de medio siglo

La escritora dominicana Sheila Corcoran de Kilorglin, Condado de Kerry, Irlanda, fue una maestra que sirvió como misionera y maestra en Sudáfrica durante 50 años.

Sheila llegó a Sudáfrica el 3 de marzo de 1949, su vigésimo primer cumpleaños, y recibió su educación como maestra en la Universidad de Stellenbosch. Allí, aprendió el idioma afrikáans.

La hermana Sheila enseñó durante muchos años en una escuela que se centraba en los niños pobres. Se quedó sorda, pero impávida, se formó como maestra de recuperación en la Universidad de Ciudad del Cabo y trabajó con niños Negros individuales.

Un día, un hombre con un cuchillo entró en el convento dominico del Santo Rosario en Port Elizabeth, donde la Hermana Sheila era el ecónomo, y comenzó a atacar a otro miembro de la orden, La Hermana Margaret Close. Sheila trató de proteger a la Hermana Margaret, y en el proceso, la Hermana Sheila sufrió una fractura de clavícula y un codo destrozado. Aunque se recuperó parcialmente, murió de neumonía el 18 de julio de 2000. La policía trató la muerte de la hermana Sheila como asesinato.

Sheila está enterrada en Sudáfrica, donde sirvió durante medio siglo.

45
Venerable Silvio Dissegna
1 de julio de 1967 – 24 de septiembre de 1979
El pequeño Guerrero de la Oración

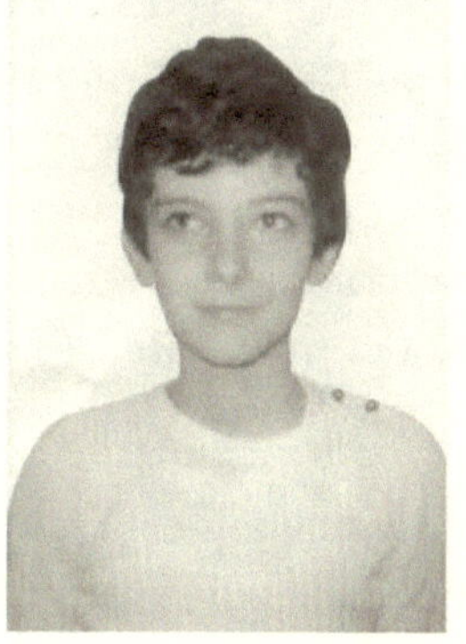

Silvio Antonio Giovanni Dissegna fue un héroe misionero que murió cuando tenía sólo 12 años. Probablemente la primera pregunta que te viene a la mente es: "¿Cómo llegó a este libro de héroes misioneros a esa edad?" La respuesta corta es que él era un faro de luz para todos a su alrededor, mostrándoles lo que significa enfrentar el dolor con gracia y confianza en Dios. Y, aunque nunca fue a una tierra de misión, era como Santa Teresa de Lisieux, la Pequeña Flor, en ser un guerrero de oración para los misioneros en las líneas del frente.

Silvio nació el 1 de julio de 1967 en Turín, Italia, el mayor de dos hijos. Su hermano Carlo nació un año después. Cuando era niño, Silvio se destacó por ser un muy buen estudiante que quería ser maestro cuando creciera.

Conocido por sonreír siempre, Silvio disfrutaba andando en bicicleta y viendo dibujos animados en la televisión.

Cuando tenía 8 años, Silvio hizo su Primera Comunión junto con su hermano Carlo. Después de esto, Silvio comenzó a asistir a misa con frecuencia.

Para la Navidad de 1977, la madre de Silvio le regaló una máquina de escribir, y él le dio las gracias dedicándole su primera página: "¡Gracias, mamá, por traerme al mundo y por darme una vida tan hermosa! ¡Tengo un gran deseo de vivir!"

A principios de 1978, sin embargo, Silvio comenzó a experimentar dolor constante y severo en sus piernas, y en mayo de ese año, los médicos diagnosticaron el dolor como causado por cáncer de huesos. Sus padres estaban fuera de sí con dolor, pero Silvio no. Le dijo a su padre: "¡Papá, ten valor! Jesús no nos abandonará". Y a su madre, le dijo: "Si muero, no es importante. Sufriré hasta el final. Madre, seremos felices y contentos sólo en el Paraíso."

Cuando ya no podía ir a la escuela y estaba confinado en casa, Silvio le pidió a su párroco que le trajera la comunión a casa todos los días.

Cada día, Silvio ofrecía su sufrimiento por alguna intención especial. Por ejemplo, un día decía: "Hoy, ofrezco mi sufrimiento por el Papa y la Iglesia", y otro día decía: "Hoy ofrezco mis dolores por la conversión de los pecadores", y a menudo ofrecía sus dolores por "misiones y misioneros".

En junio de 1979, Silvio perdió la vista, y en septiembre, perdió la audición. El 24 de septiembre de 1979, el párroco ungió a Silvio y le dio Viaticum (Sagrada Comunión para los moribundos). Murió más tarde ese día a la edad de 12 años.

Aproximadamente 1,000 personas asistieron al funeral de Silvio en la iglesia parroquial el 26 de septiembre, y 30 sacerdotes concelebraron la misa fúnebre.

El Papa Francisco lo proclamó Venerable el 7 de noviembre de 2014.

46
Hermana Simona Noorenbergh, F.D.N.S.C.
1907 – 5 de julio de 1990
Ella se negó a ser la cena

Simona Noorenbergh fue una misionera Belga del siglo XX que dedicó su vida al pueblo de Papúa Nueva Guinea.

Maria Noorenbergh (a veces escrito Noorenberge y Noorenberg) nació en 1907 en Ypres, Bélgica.

En 1923, a la edad de 16 años, María leyó una historia en una revista francesa sobre Papúa Nueva Guinea. Les dijo a sus padres que quería irse de casa de inmediato para ir a Papúa Nueva Guinea. Sus padres, por supuesto, dijeron "no". Algún tiempo después de esto, se puso muy enferma, y sus padres temían que muriera. Le prometieron que si mejoraba, podría ir a Nueva Guinea. Pronto, María mejoró.

María aprendió, sin embargo, que la única manera de ir a Papúa Nueva Guinea era a través de una organización religiosa. Entonces, se unió a las Hermanas de Nuestra Señora del Sagrado Corazón (FDNSC) en Bruselas. En la vida religiosa, era conocida como la Hermana Simona.

En 1928, después de terminar su noviciado, se fue a Papúa Nueva Guinea. Después de un viaje de 3 meses, llegó el 8 de diciembre de 1928 a la edad de 21 años.

Simona trabajó en muchos lugares de Papúa Nueva Guinea durante los siguientes 63 años, y desempeñó muchos papeles: trabajadora social, organizadora comunitaria, enfermera, cantante, oficial de bienestar, diseñadora de ropa, organizadora de hospitales y escuelas primitivas, y gurú. Incluso se le atribuye la cofundación de una comunidad, Fane. Algunas de las condiciones difíciles que encontró a lo largo de su vida en Papúa Nueva Guinea, fueron pian (una enfermedad tropical), continuas guerras tribales y canibalismo.

En cuanto al canibalismo, los miembros de una tribu seguían diciéndole que se sentirían honrados de comerla para que su espíritu permaneciera para siempre en su aldea. La Hermana Simone declinó cortésmente cenar. Ella dijo: "Mi gente en las tribus consideraría un honor si les ofreciera mi cuerpo para que se lo comieran. Echando un vistazo a mí mismo, sin duda sería una comida larga".

Pero sí sentía que toda su vida era para el pueblo de Papúa Nueva Guinea. Una vez, cuando se le preguntó si le gustaría volver a Bélgica, respondió: "Nunca volveré a Bélgica. ¿Para hacer qué? ¿Todavía queda algo por hacer? Papúa Nueva Guinea es donde pertenezco y donde moriré".

Cuando tenía 83 años, la Hermana Simona fue a Australia para una cirugía ocular, después de haberse quedado casi ciega. La cirugía fue exitosa, pero al aterrizar en Fane, el avión se estrelló. Ella fue una de los cuatro que murieron, mientras que ocho sobrevivieron. La fecha era el 5 de julio de 1990.

Simona está enterrada en Fane, la comunidad que ayudó a fundar..

47
Sierva de Dios Thea Bowman, F.S.P.A.
29 de diciembre de 1937 – 30 de marzo de 1990
Ella trajo la Música Soul a la Iglesia Americana

Bertha Bowman, más tarde conocida como Thea, nació en Yazoo City, Mississippi el 29 de diciembre de 1937. Fue criada como metodista hasta los nueve años. A esa edad, preguntó a sus padres si podía convertirse en cristiana católica, debido a la bondad que vio en las Hermanas Franciscanas de la Adoración Perpetua. Ella le dio permiso para hacerlo.

Cuando creció, Bertha se convirtió en una Hermana Franciscana de Adoración Perpetua en La Crosse, Wisconsin, y tomó el nombre de Thea. Hna. Thea asistió a la Universidad de Viterbo, la Universidad Católica de América, y el Boston College.

Thea enseñó en la escuela primaria en La Crosse, Wisconsin y en la escuela secundaria en Canton, Mississippi. También enseñó en la Universidad Católica de América en Washington, D.C., la Universidad Xavier en Nueva Orleans, Louisiana, y Viterbo en Wisconsin.

Thea era conocida no solo como una persona brillante, sino también como una persona con una hermosa voz y personalidad. Thea utilizó todos estos dones como maestra y, más tarde, como consultora y oradora inspiradora.

Después de enseñar durante dieciséis años, la Hermana Thea fue invitada por el Obispo de Jackson, Mississippi para convertirse en consultora para la conciencia intercultural. Thea viajó por los Estados Unidos dando presentaciones animadas con oración, predicación enérgica y canto enérgico afroamericano. Su ministerio se centró en romper las barreras entre culturas y razas.

Thea también jugó un papel decisivo en la publicación de *Lead Me, Guide Me,* un himnario católico afroamericano. No solo proporcionó la justificación para crear un libro de música católica distintivo para los católicos negros, sino que ayudó a elegir las canciones.

En 1984, La Hermana Thea fue diagnosticada con cáncer. Al enterarse de su diagnóstico, oró para que "viviera hasta que muriera". Dios le concedió a Thea su deseo. A pesar de que el cáncer le afectó cada vez más, continuó con su ministerio en una silla de ruedas. En 1989, fue la oradora principal en la conferencia de obispos de los Estados Unidos sobre Católicos Negros. Al final de la reunión, los obispos se pusieron de pie y cantaron "*We Shall Overcome*", una canción histórica del movimiento americano por los derechos civiles.

Thea murió el 30 de marzo de 1990 y fue declarada Sierva de Dios en 2018.

48
San Vicente Romano
3 de junio de 1751 – 20 de diciembre de 1831
El Sacerdote Obrero

Vincent Romano nació en Torre del Greco, Nápoles, Italia, el 3 de junio de 1751 de padres pobres. Su nombre de bautismo era Domenico Vincenzo Michele Romano. Fue nombrado en honor a un santo favorito de la familia romana, San Vicente Ferrer. Tenía dos hermanos, Pietro y Giuseppe.

Aunque su padre quería que Vicente se convirtiera en orfebre, felizmente accedió al deseo de Vicente de convertirse en sacerdote. Su hermano mayor, Pietro, era un sacerdote que ayudó a Vicente a entrar en el seminario.

Vicente fue ordenado a la edad de 24 años el 10 de junio de 1775 en Nápoles. Uno de sus modelos a seguir fue San Alfonso de Liguori, cuyavida estudió durante sus días de seminario.

El padre Vicente fue asignado a Torre del Greco, y se destacó por su estilo de vida sencillo, austero, y su especial amor y cuidado por los huérfanos. También se destacó por su trabajo con seminaristas.

Vicente fue lo que hoy llamaríamos un "misionero hogareño", porque no fue a tierras extranjeras para hacer su evangelización. Más bien, pasó gran parte de su tiempo enseñando el trabajo a los niños, especialmente a los huérfanos que necesitaban ayuda especial para obtener una educación. Predicó cinco días a la semana, y sus homilías eran conocidas por ser simples, claras y educativas.

Desafortunadamente, los invasores franceses, y los grupos políticos nacionalistas italianos, lo oprimieron, pero esto nunca lo disuadió; Siguió sirviendo a Dios lo mejor que pudo.

Durante su sacerdocio, una erupción del Monte Vesubio destruyó gran parte de su iglesia, Santa Croce (Santa Cruz). Luego dedicó gran parte de su tiempo y energía a reconstruir la iglesia, a menudo moviendo rocas él mismo. Trabajó tan duro que la gente lo apodó "El Sacerdote del Trabajo".

El Padre Vicente Romano murió el 20 de diciembre de 1831 después de una larga enfermedad. El Papa Francisco lo canonizó el 14 de octubre de 2018.

San Vicente Romano es patrón de la ciudad de Torre del Greco, sacerdotes napolitanos, huérfanos, marineros y personas con tumores de garganta. La fiesta de Saint Vincent Romano es el 20 de diciembre.

Bibliografía Seleccionada

El propósito de esta Bibliografía Seleccionada es proporcionar un punto de partida para las personas interesadas en aprender más acerca de estos héroes misioneros cristianos católicos. No pretende ser exhaustivo.

---

1. Father Alonzo de Sandoval, S.J.

- Alonso de Sandoval & Nicole von Germeten. *Treatise on slavery: Selections from De Instauranda Aethiopurn Salute.* Hackett Classics, 2008.
- Beers, M.E. *Alonso de Sandoval: Seventeenth-century Merchant of the Gospel.* No date.
- Contributors to Wikipedia. "Alonso de Sandoval." *Wikipedia: The Free Encyclopedia*, 1 May 2022.
- Olsen, Margaret M. *Slavery and Salvation in Xolonial Cartagena de Indias.* University Press of Florida, 2004.
- Restrepo, Luis Carlos. *Alonso de Sandoval, a Jesuit Who Wanted to Change His Face.* Our Knowledge Publishing, 2021.

2. Sister Anna Dengel, S.C.M.M.

- Contributors to Wikipedia. "Anna Maria Dengel." *Wikipedia: The Free Encyclopedia*, 12 June 2022.
- Long, Richard. *Nowhere a Stranger.* Vantage Press, 1968.
- Medical Mission Sisters. *90 Years Ago: Anna Dengel's Diary between October 1924 and September 1925: The Story of the Months That Led to the Foundation of the Medical Mission Sisters.* Media House, 2015.

3. Venerable Augustus Tolton

- Bauer, Roy. "They called him Fr. Gus." Diocese of Springfield in Illinois, 2017.
- Contributors to Wikipedia. "Augustus Tolton." *Wikipedia: The Free Encyclopedia*, 2 September 2022.
- Heinlein, Michael R. (Ed.). *Black Catholics on the Road to Sainthood.* Our Sunday Visitor: 2021.
- Hemesath, Caroline, S.S.F. *From Slave to Priest: The Inspirational Story of Father Augustine Tolton (1854-1897).* Ignatius Press, 2010.
- Perry, Bishop Joseph N. "Biography - Father Augustus Tolton 1854-1897)." Archdiocese of Chicago. No date.
- Stephen, Clifani "Lacey." "Biography of Father Tolton." Fr. Tolton Catholic High School, 2014.

4. Blessed Benito Solana, C.P.

- "Blessed Benito Solana Ruiz." CatholicSaints.Info, 24 July 2015. Web 23 December 2015.
- Kus, Robert J. Fr. "Bl. Benito Solana Ruiz, C.P.: February 17, 1882 – July 25, 1936." *Saintly Men of Nursing: 100 Amazing Stories.* Red Lantern Press, 2017.
- Contributors to Wikipedia. "Martyrs of Daimiel." *Wikipedia: The Free Encyclopedia*, 21 August 2022.

5. Saint Bonifacia Rodríguez y Castro, S.S.J.

- Contributors to Wikipedia. "Bonifacia Rodríguez y Castro." *Wikipedia: The Free Encyclopedia*, 19 June 2022.
- Biography. "Bonifacia Rodríguez y Castro (1837-1905)." Vatican.va.
- Seville, Adela de Caceres SSJ. "Bonifacia Rodríguez de Castro, Saint for Our Times." *Vida Nueva/Digital Mexico*, 2012.

6. Sister Claire Marie Wick, O.S.F.

- Contributors to Wikipedia. "Sister Claire Marie Wick." *Wikipedia: The Free Encyclopedia*, 23 August 2022.
- "Obituary of Sister Claire Marie Wick – formerly Kathryn Madelyn Whitener Wick." Hospital Sisters of the Third Order of St. Francis. June, 1987.

7. Saint Daniel Comboni, M.C.C.J.

- Contributors to Wikipedia. "Daniele Comboni." *Wikipedia: The Free Encyclopedia*, 11 August 2022.
- Biography. "Daniel Comboni (1831-1881)." Vatican.va.
- Gilli, Aldo. *Daniel Comboni: The Man and His Message—A Selection from the Writings of Bishop Daniel Comboni (1831-1881).* Editrice Missionaria Italiana, 2nd edition, 1980.
- Loranzo, Juan-Manuel. *The Spirituality of Daniel Comboni: Apostle-Prophet-Founder.* Claret Center for Resources in Spirituality; 1st Edition, 1989.
- Ward, Bernard & Daniel Comboni. *A Heart for Africa: The Life and Legacy of Saint Daniel Comboni.* Publisher: Comboni. No date.

8. Father Declan Collins, S.D.B.

- "Declan, a priest of the people who kept the faith. *Irish Times*, Monday, 2 December 2002.
- Smyth, Fr. Michael. "November 2002: Irish Provincial Fr. Michael Smyth's Press Release and Report from Southern African Provincial Fr. Robert Gore.
- Gore, Fr. Robert J., SDB. "Fr. Declan Collins: 30.05.1952-16.11.2002." Irish Provincial Fr. Michael Smyth's Press Release and Report from Southern African Provincial Fr. Robert Gore." 17 November 2002.
- SDB Fathers. "Father Declan Collins." No date.

9. Venerable Délia Tétreault, M.I.C. (aka Mother Marie of the Holy Spirit)

- Contributors to Wikipedia. "Délia Tetreault." *Wikipedia: The Free Encyclopedia*, 12 July 2021.
- Missionary Sisters of the Immaculate Conception. "Foundress-Biography." No date.

10. Servant of God Dorothy Day

- Collins, David R. *Got a Penny? The Story of Dorothy Day.* Pauline Books, 1996.
- Contributors to Wikipedia. "Dorothy Day." *Wikipedia: The Free Encyclopedia*, 2 September 2022.
- Cook, Jack. *Bowery Blues: A Tribute to Dorothy Day.* Xlibris, 2001.
- Dorothy Day. *Loaves and Fishes: The Inspirational Story of the Catholic Worker Movement.* Orbis Books, 2003.
- Day, Dorothy. *The Long Loneliness: The Autobiography of Dorothy Day.* HarperSanFrancisco, 1957, 1980.
- Ellsberg, Robert (Ed.). *Dorothy Day: Selected Writings.* Orbis Books, 1983, 1992.
- Wells, John. *Entertaining Angels: The Dorothy Day Story*, [Film], 1996.

11. Sister Dorothy Kazel, O.S.U.

- Contributors to Wikipedia. "Dorothy Kazel." *Wikipedia: The Free Encyclopedia*, 19 June 2022.
- Cynthia Glavac. *In the Fullness of Life: A Biography of Dorothy Kazel, O.S.U.* Dimension Books, 1996.
- Dorothy Chapon Kazel. *Alleluia Woman: Sister Dorothy Kazel, O.S.U.* Chapel Publications, 1987.
- Kazel, Dorothy Chapon & Sr. Mary Ann Flannery. *The Voice: A Missionary's Call to Give Her Life.* Xulon Press, 2008.

12. Sister Dorothy Stang, S.N.D.de N.

- Contributors to Wikipedia. "Dorothy Stang." *Wikipedia: The Free Encyclopedia*, 31 August 2022.
- Le Breton, Blinka. *The Greatest Gift: The Courageous Life and Martyrdom of Sister Dorothy Stang.* Doubleday Religion, 2008.
- Murdock, Michele. *A Journey of Courage: The Amazing Story of Sister Dorothy Stang.* Sisters of Notre Dame de Namur, 2010.
- Murphy, Roseanne. *Martyr of the Amazon: The Life of Sister Dorothy Stang.* Orbis, 2014.

13. Venerable Edel Mary Quinn

- Bradshaw, Robert. *Edel Quinn: Envoy for Mary.* Messenger Publications, 1986.
- Contributors to Wikipedia. "Edel Quinn." *Wikipedia: The Free Encyclopedia*, 1 September 2022.
- Duff, Frank. *Edel Quinn.* Catholic Truth Society of Ireland, 1958.
- Johnson, Maria Morera & Pat Gohn. *My Badass Book of Saints: Courageous Women Who Showed Me How to Live.* Ave Maria Press, 2015.
- Peffley, Mary. *Woman of Faith: The Life of Edel Quinn.* Balance House Publications, 1989.
- Suenens, Leon-Joseph & H.E. Riberi. *Edel Quinn: Envoy of the Legion of Mary to Africa – A Heroine of the Apostolate (1907-1944).* C.J. Fallon Ltd., 1955.

14. Bishop Edward Galvin, S.S.C.M.E.

- Barrett, William E. *The Red Lacquered Gate: The Early Days of the Columban Fathers and the Courage and Faith of its Founder, Fr. Edward J. Galvin.* Xlibris, 2014.
- Contributors to Wikipedia. "Edward Galvin." *Wikipedia: The Free Encyclopedia*, 11 April 2022.
- Sayles, Fr. Pat. "Edward J. Galvin: Trailblazer for God." No date.

15. Ms. Eleanor Josaitis

- Contributors to Wikipedia. "Focus: HOPE." *Wikipedia: The Free Encyclopedia*, 26 July 2021 .
- Contributors to Wikipedia. "Eleanor Josaitis." *Wikipedia: The Free Encyclopedia*, 28 March 2022.
- Obituaries of Eleanor Josaitis appeared in many places such as the *Cleveland Plain Dealer* and *New York Times.*
- Kresnak, Jack. *Hope for the City.* Cass Community Publishing House, 2015.

16. Father Felim McAllister, C.S.Sp.

- Dáil Éircann debate. "Death of Irish National in Sierra Leone." 23 March 1994.
- Holy Ghost Congregation. Fr. Felim McAllister. No date.
- "Mourning our Modern Martyrs," *Independent.ie*, October 176, 2008.

17. Saint Fidelis of Sigmaringen, O.F.M., Cap.

- Contributors to Wikipedia. "Fidelis of Sigmaringen." *Wikipedia: The Free Encyclopedia*, 5 April 2022.
- "Saint Fidelis of Sigmaringen." *My Catholic Life! – A Journey of Personal Conversion,* 2022.
- "St. Fidelis of Sigmaringen." *Butler's Lives of the Saints: New Full Edition: April,* Revised by Peter Doyle. Collegeville, MN: Burns & Oates/The Liturgical press, 1999, pp. 172-173.

18. Saint Francisco Coll y Guitart, O.P.

- Contributors to Wikipedia. "Francisco Coll Guitart." *Wikipedia: The Free Encyclopedia*, 28 May 2022.
- "Francisco Coll y Guitart (1812 – 1875). Biography: Vatican, va., 2009.
- "San Francisco Coll." Dominicans of Spain, no date.

19. Saint François de Laval

- Contributors to Wikipedia. "François de Laval." *Wikipedia: The Free Encyclopedia*, 21 June 2022.
- "Life: Saint François de Laval (1623-1708)." Catholic Conference of Catholic Bishops, 2022.

20. Sister Irene McCormack, R.S.J.

- "Sister Irene McCormack: Australia's next saint?" Columban.org.au, 2011.
- Contributors to Wikipedia. "Irene McCormack." *Wikipedia: The Free Encyclopedia*, 13 June 2022.
- Henderson, Anne. *The Killing of Sister McCormack.* Harper Collins, 2002.

21. Blessed Irene Stefani, I.M.C.

- Consolata Missionary Sisters. "Blessed Sr. Irene Stefani." 2022.
- Contributors to Wikipedia. "Irene Stefani." *Wikipedia: The Free Encyclopedia*, 10 June 2022.
- Musambi, Evelyne. "8 Things to Know about Sister Stefani's Road to Sainthood." *Nairobi News*, May 22, 2015.
- Ndilu, Adelaide, Sr. "Sr. Irene Stefani the First to Be Beatified in Kenya." Global Sisters Report. June 15, 2015.

22. Blessed Jerzy Popieluszko

- Brien, Bernard. *Blessed Jerzy Popieluszko: Truth Versus Totalitarianism.* Ignatius Press, 2018.
- Contributors to Wikipedia. "Jerzy Popieluszko." *Wikipedia: The Free Encyclopedia,* 4 August 2022.
- Moody, John & Roger Boyes. *The Priest and the Policeman: The Courageous Life and Cruel Murder of Father Jerzy Popieluszko.* Summit Books, 1987.
- Popieluszko, Jerzy, Tony Haines, Martin Sheen. *Messenger of the Truth.* [Documentary – DVD]. 2015.
- Ruane, Kevin. *To Kill a Priest: The Murder of Father Popieluszko and the Fall of Communism.* Gibson Books, 2004.
- Sikorski, Grazyna. *Jerzy Popieluszko: Victim of Communism (Biographies).* Catholic Truth Society, 2017.

23. Sister Joan Sawyer, S.S.C.M.E.

- Ddelargy. "The Story of Sister Joan Sawyer," Atrim Parish, Diocese of Down and Connor (Northern Ireland), 24 August 2011.
- SRT, Assistant Editor of *Far East Magazine.* "A Beatitude Woman: Sister Joan Sawyer, 30 Years On." Missionary Sisters of St. Columban, February, 2014.

24. Monsignor John Fraser, S.F.M.

- "Biography: Msgr. John Mary Fraser." John Fraser of West Hill website, Nov. 11, 2010.
- "Celebrating Scarboro Missions." *The Archivist's Pencil,* Sept. 21, 2018.
- "About us." Scarboro Mission website, 2022.
- "Fr. John Fraser." Scarboro Mission website [1877 – Sept. 3, 1962].
- Swan, Michael. "Mission Accomplished: After 100 Years, Scarboro Missions in Toronto Is Closing Its Doors." *The Catholic Register,* Oct. 26, 2018.

25. Saint José de Anchieta, S.J.

- Contributors to Wikipedia. "Joseph of Anchieta." *Wikipedia: The Free Encyclopedia,* 11 May 2022.
- Nicolás, Adolfo, S.J. "Saint José de Anchieta." Jesuits, 2014.

26. Saint José Gabriel del Rosario Brochero, T.O.S.D.

- Addington, Catherine. "Cowboy, Engineer, Saint: on the Trail of St. José Brochero." *America*, February 07, 2018.
- "Argentine: The 'Gaucho Priest,' José Gabriel del Rosario Brochero, Is Beatified." Teresian Association – *Spirituality/Evangelization*, Wed., 25 September 2013.
- Contributors to Wikipedia. "José Gabriel del Rosario Brochero." *Wikipedia: The Free Encyclopedia*, 9 May 2022.
- Farrow, Mary. "The Tale of Fr. Brochero: Gaucho Priest, Devil's Worst Nightmare." Catholic News Agency, June 25, 2017.
- "Pope Praises Newly Beatified Argentine 'Cowboy Priest.'" Catholic News Agency, Sept. 14, 2013.

27. Servant of God Joseph Walijewski

- Kosloski, Philip. "Meet Fr. Joe, a Wisconsin Priest on the Road to Canonization." *Aleteia*, March 19, 2021.
- "Fr. Joe Walijewski: A Pencil in Our Lord's Hand." EWTN documentary, no date.

28. Mother Joseph Pariseau, S.P.

- Beloin, Lillian S. "Mother Joseph." *Columbia.* **61**: 34-39, March 1982.
- Contributors to Wikipedia. "Mother Joseph Pariseau." *Wikipedia: The Free Encyclopedia*, 9 July 2022.
- Lapointe-Roy, Huguette. "Pariseau (Parizeau), Esther." *Dictionary of Canadian Biography*. Vol. XIII, 1994.

29. Saint Katharine Drexel, S.B.S.

- Biddle, Cordelia Frances. *Saint Katharine: The Life of Katharine Drexel.* Westholme Publishing, 2014.
- Burton, Katherine. *The Golden Door: The Life of St. Katherine Drexel.* Angeles Press, 2014.
- Hughes, Cheryl C D. *Katharine Drexel: The Riches-to-Rags Story of an American Catholic Saint.* Wm. B. Eerdmans Publishing Co., 2014.
- Rigney, Melanie. "Katherine Drexel: Getting Out of Our Comfort Zone." *Radical Saints: 21 Women for the 21st Century.* Franciscan Media: 2020.

30. Blessed Leonella Sgorbati, M.C.

- Achiego, Rose. "I Choose to Love: Italian Sister Killed in Somalia on Final Stop before Sainthood." *Global Sisters Report*, May 21, 2018.
- Contributors to Wikipedia. "Leonella Sgorbati." *Wikipedia: The Free Encyclopedia*, 30 May 2022.

31. Saint Marguerite Bourgeoys, C.N.D.

- Contributors to Wikipedia. "Marguerite Bourgeoys." *Wikipedia: The Free Encyclopedia*, 14 June 2022.
- "Marguerite Bourgeoys (1620-1700): Foundress of the Sisters of the Congregation of Notre-Dame." Vatican.va., no. date.

32. Saint Maria Elizabeth Hesselblad, O.Ss.S.

- Contributors to Wikipedia. "Elizabeth Hesselblad." *Wikipedia: The Free Encyclopedia*, 10 June 2022.
- Johnson, Elizabeth. "Blessed Mary Elizabeth Hesselblad: A Pioneer for Ecumenism." *Faith: The Magazine of the Diocese of Lansing*, June, 2006.
- Rigney, Melanie. "Maria Elizabeth Hesselblad: Standing for Inclusion." *Radical Saints: 21 Women for the 21st Century*. Franciscan Media: 2020.

33. Saint Marie Katharina Kasper, P.H.J.C.

- Contributors to Wikipedia. "Maria Katharine Kasper." *Wikipedia: The Free Encyclopedia*, 19 June 2022.
- Contributors to Wikipedia. "Poor Handmaids of Jesus Christ." *Wikipedia: The Free Encyclopedia*, 4 March 2022.
- "Our Foundress." Poor Handmaids of Jesus Christ: Partners in the Work of the Spirit, No date.

34. Blessed Maria Troncatti, F.M.A.

- "Bl. Maria Troncatti." SalesianSisters.com, November 24, 2012.
- "Bl. Maria Troncatti, FMA." Salesians of Don Bosco Canada & Eastern USA, Aug. 25, 2022.
- Contributors to Wikipedia. "Maria Troncatti." *Wikipedia: The Free Encyclopedia*, 30 May 2022.

35. Mother Marie Louise de Meester, M.C.R.S.A.

- Contributors to Wikipedia. "Marie Louise De Meester." *Wikipedia: The Free Encyclopedia*, 11 June 2022.
- "Mother Marie Louise De Meester and History of ICM Sisters." Mount Carmel Church, Mariapuram, 2020.
- Sandra, Cecile. *Marie-Louise de Meester: The Message of a Life.* Missionary Sisters of the Immaculate Heart of Mary, no date.

36. Saint Marie of the Incarnation, O.S.U.

- Contributors to Wikipedia. "Marie of the Incarnation (Ursuline)." *Wikipedia: The Free Encyclopedia*, 19 June 2022.
- Bourdon, Rémi and Pierre Guenette Bourdon. *Clothed in the Word of God: Canadian Saints, Blesseds, and Venerables.* Novalis, 2014.
- "Saint Marie of the Incarnation." Salt and Light Catholic Media, 2014.

37. Blessed Mary of the Passion, F.M.M.

- Contributors to Wikipedia. "Mary of the Passion." *Wikipedia: The Free Encyclopedia*, 14 June 2022.
- "Biography: Mary of the Passion (1839-1904)." Vatican.va, 2002.
- "Mary of the Passion: A Woman, an Intuition, a Missionary Impulse." Franciscan Missionary Sisters of Mary, 2013.
- "The Life of Blessed Mary of the Passion." FMM Philippines, 2019.

38. Servant of God Nicholas Black Elk

- Contributors to Wikipedia. "Black Elk." *Wikipedia: The Free Encyclopedia*, 5 June 2022.
- Holler, Clyde. *The Black Elk Reader.* Syracuse University Press, 2000.
- Jackson, Joe. *Black Elk: The Life of an American Visionary.* Farrar, Straus and Giroux, 2016.
- Neihardt, John G., Philip J. Deloria, et al. *Black Elk Speaks: The Complete Edition.* Bison Books, 2014.
- Steltenkamp, Michael F. *Nicholas Black Elk: Medicine Man, Missionary, Mystic.* 2011.
- Sweeney, Jon M. *Nicholas Black Elk: Medicine Man, Catechist, Saint (part of People of God – 21 Books)*, 2020.

39. Saint Peter Claver, S.J.

- Contributors to Wikipedia. "Peter Claver." *Wikipedia: The Free Encyclopedia*, 24 June 2022.
- Goldie, Francis. *The new saints of 1888: St. John Berchmans, S.J.; St. Peter Claver, S.J.; St. Alphonsus Rodríguez, S.J.; and the Seven Sainted Founders of the Servites* (Classic Reprint). Forgotten Books, 2018.
- Lunn, Arnold. *A Saint in the Slave Trade: Peter Claver (1581-1654).* Sophia Institute Press, 2022.
- Slattery, John Richard and Bertrand Gabriel Fleuriau. *The Life of St. Peter Claver, S.J.: The Apostle to the Negroes.* Patristic Publishing, 2020.
- Unknown author and Brother Hermeneglid, TOSF. *The Life of St. Peter Claver, S.J.: Apostle to the Negroes.* CreateSpace, 2013.

40. Blessed Peter Donders, C.Ss.R.

- Antonellis, Costanzo J. *The Story of Peter Donders.* St. Paul, 1982.
- Contributors to Wikipedia. "Peter Donders." *Wikipedia: The Free Encyclopedia*, 27 June 2022.
- Fenili, J. CSsR. *Blessed Peter Donders: His Writings and Spirituality.* Liguori Press, 2007.

41. Venerable Pierre Toussaint

- Contributors to Wikipedia. "Pierre Toussaint." *Wikipedia: The Free Encyclopedia*, 1 July 2022.
- *Memoir of Pierre Toussaint Born a Slave in St. Domingo.* BilioBazaar, 2009.
- Jones, Arthur. *Pierre Toussaint: A Biography.* 2003.
- Heinlein, Michael R. (Ed.). *Black Catholics on the Road to Sainthood.* Our Sunday Visitor: 2021.
- Odell Sheehan, Arthur & Elizabeth. *Pierre Toussaint: A Citizen of Old New York.* Hillside Education, 2021.
- Tarry, Ellen. *Pierre Toussaint: Apostle of Old New York.* Pauline Books, 1998.

42. Sister Ruth Pfau, F.C.M.

- Contributors to Wikipedia. "Ruth Pfau." *Wikipedia: The Free Encyclopedia*, 13 June 2022.
- Pfau, Ruth. *The Last Word Is Love: My Path of Courage through War, Healing and Faith.* Crossroads, 2018.

- Wyatt, Monica. *The Healing Touch: The Story of Ruth Pfau* (Faith in Action series). Exeter, 1984.

43. Venerable Samuel Mazzuchelli, O.P.

- Check, Christopher. "The Apostle of the Upper Midwest: Samuel Mazzuchelli." *Crisis*, July 1, 2013.
- Contributors to Wikipedia. "Samuel Mazzuchelli." *Wikipedia: The Free Encyclopedia*, 24 June 2022.
- Ireland, John. *Memoirs, Historical and Edifying: Of a Missionary Apostolic of the Order of Saint Dominic among Various Indian Tribes and among the Catholics and Protestants in the United States of America*, 2015.
- Mazzuchelli, Samuel and Elizabeth Durack. *Memoirs of a Frontier Mssionary Priest.* The Father Mazzuchelli Society, 2013.

44. Sister Sheila Corcoran, O.P.

- Conway, John. "Tralee and Killorglin to Honour Overseas Martyrs." *Kerry Newsletter – Independent.ie*, October 20, 2005.
- McGarry, Patsy & Padraig Yeates. "Irish Nun is Murdered in SA," *The Irish Times*, 25 July 2000.
- "Profiles: Fourteen Irish Missionaries Killed on Foreign Soil." ICN (Independent Catholic News): Mill Hill Missionaries, no date.

45. Venerable Silvio Dissegna

- Borrelli, Antonio. "Biography – Silvio Dissegna." *Santiebeati.it*, 26 Nov 2019.
- Contributors to Wikipedia. "Silvio Dissegna." *Wikipedia: The Free Encyclopedia*, 11 July 2022.
- Cruz, Joan Carroll. "Servant of God Silvio Dissegna (1967-1979)." *Saints for the Sick: Heavenly Help for Those Who Suffer.* TAN Books, 2010.
- Mittermeier, Camille. "Silvio Dissegna: A Child's Body, a Hero's Heart." Gaudium Press, September 26, 2021.
- Risso, Paolo. "Venerable Silvio Dissegna Child." *Santiebeati.it*, 26 Nov 2019.
- Risso, Paolo. *Venerabile Silvio Dissegna: Un Ragazzo Meraviglioso* (Venerable Silvio Dissegna: A Wonderful Guy). Elledici, 2016.

46. Sister Simone Noorenbergh

- Benbow, Joan. *A Walkabout Life.* Joan Benbow, 2018.
- Book Group Editor. *Belgian Roman Catholic Nuns: The Singing Nun, Juliana of Liege, Marie Louise Habets, Simona Noorenbergh, Mother Marie Louise de Meester.* Books LLC, 2010.
- Contributors to Wikipedia. "Simona Noorenbergh." *Wikipedia: The Free Encyclopedia*, 11 June 2022.

47. Servant of God Thea Bowman, F.S.P.A.

- Bowman, Thea and Celestine Cepress. *Sister Thea Bowman, Shooting Star: Selected Writings and Speeches.* St. Mary's Press, 1993.
- Contributors to Wikipedia. "Thea Bowman." *Wikipedia: The Free Encyclopedia*, 13 June 2022.
- Heinlein, Michael R. (Ed.). *Black Catholics on the Road to Sainthood.* Our Sunday Visitor: 2021.
- Koontz, Christian. *Thea Bowman: Handing on Her Legacy.* Sheed & Ward, 1991.
- Nutt, Maurice J. CSsR. *Thea Bowman in My Own Words.* Liguori, 2015.
- Sklar, Peggy A. *Sister Thea Bowman: Do You Hear Me Church?* Paulist Press, 2020.
- Smith, Charlene and John Feister. *Thea's Song: The Life of Thea Bowman.* Orbis Books, 2012.

48. Saint Vincent Romano

- Contributors to Wikipedia. "Vincent Romano." *Wikipedia: The Free Encyclopedia*, 16 Feb 2022.
- Gworek, Fr. Matt. "Vincenzo Romano: A Priest for the People." Salt and Light Catholic Media, 14 October 2018.
- "The Blessed Vincent Romano: Priest Who Devoted Himself to Helping the Poor." *Italy On This Day*, 3 June 2017.

www.ingramcontent.com/pod-product-compliance
Lightning Source LLC
LaVergne TN
LVHW041058150826
845673LV00007B/1828

* 9 7 9 8 3 7 2 9 2 9 0 4 3 *